子育て家族の
生活と教育

岩﨑香織・日比香子・寺崎里水

はじめに

　現代の幼児の発達や子育て家族に関する研究は、保育学や教育学、福祉学、心理学、家政学、家族社会学、医学、保健学等の幅広い学問分野において進められてきた。しかし、これまでに幼児教育・保育に関して、各学問分野の知見を総合して研究される機会は少なく、学際的な研究が必要とされる（秋田監修、2016等）。

　2000年代以降の子育て家族を対象とした大規模調査に厚生労働省「21世紀出生児縦断調査（平成13年出生児、平成22年出生児）」がある[1]。平成13年出生児調査（厚生労働省、2017）から、ひとり親世帯や子どもに通院経験（アレルギー、発達、先天性の病気等）がある保護者の育児負担感が高いこと、幼児期に保護者の仕上げ磨きや歯磨きを「自分からする」習慣、おやつの時間・食事内容に気を付けることが、う歯（虫歯）の通院者割合を低下させた等の報告がみられた。同調査における子どもと保護者の生活環境の変化について、小学1年生時点を比較すると、平成13年出生児より、平成22年出生児の母親に有職率が高く、子どもの起床・就寝時間が早まり、学童保育の利用割合が1割以上増え、「子育てによる身体の疲れが大きい」保護者割合が約1割高まったという（厚生労働省、2018）。2000年代と2010年代の幼児と家族の生活実態を比較検討する上で貴重な調査であるが、居住地域（都市部／地方）の子育てや教育を支える生活環境の違いについては、検討されていない。

　日本の幼児教育・保育の中心的な研究関心は、幼児教育・保育施設における保育や教育の質、子どもの発達等にあり、日本の少子化対策も、成人未婚者の結婚支援や出産前後の保育・子育て支援制度を中心に議論されてきた。しかし、日本の保護者が直面する子育ての困難は、前述（厚生労働省、2017）のように、ひとり親等の家族構成、子どものアレルギーや持病、食や清潔の生活

1　2001（平成13）年（約5万人）と2010（平成22）年（約4万人）の一定時期に出生した全国の子どもを抽出し、数年おきに対象児の成長・発達や保護者の子育てに関する意識、行動、生活環境の変化を追跡した縦断調査（パネル調査）である。

習慣、保護者の疲労等、多岐にわたる。

　例えば、日本の幼児期の教育と生活の課題の1つに、子どもの貧困問題がある。2013年に「子どもの貧困対策の推進に関する法律」が公布され、子育て支援や子どもの貧困対策に取り組む省庁として、2023年4月に子ども家庭庁が発足した。「令和元年度子供の貧困実態調査に関する研究報告書」(内閣府、2020)によれば、貧困は、子どもの教育面(認知能力、非認知スキル)と生活・健康面(逆境体験、身体的健康)に影響があり、予防・解決法として、個々の家庭における生活習慣の改善が求められている。しかし、子どもの貧困に関する調査は、これまでに教育社会学や経済学、福祉学等を中心に学童期を対象とした調査研究が進められてきたため、幼児期を対象とした研究が少ない。また、貧困が子どもの身体的健康へ与える影響としては、肥満・虫歯・受動喫煙(内閣府、2020)等がある。しかし、先行研究において、子どもの健康を保護者の収入別といった社会科学的な視点から分析した研究は少ない[2]。したがって子どもの貧困を一例とした場合も、子どもの教育と生活・健康の研究者の協働が必要と考えられる。

　子どもの教育格差研究には、幼児教育・保育を研究フィールドとする研究分野の調査設計[3]の力を活かし、幼児期を対象とした研究を行なう必要がある。また、これまで社会科学的な視点からの分析が少なかった子どもの食と栄養に関しては、保護者の収入等の社会経済的な視点を導入し、実態を明らかにする必要がある。加えて、研究成果を子どもや保護者の教育に還元する場としては、家政学(家庭科教育や子育て支援講座等の家政教育)の活用が有効と考えられる。

　アメリカでは、1985年からNCFR(全米家族関係学会)が、Certified Family Life Educatorの資格認定を行い、家族に関する学際的研究領域(家政学を含む)

2　上記報告書においても「低所得家庭の子供に肥満が多い(ただし必ずしも貧困との関連が明確でないとした研究もある)」との記載がみられた(内閣府、2020)。

3　幼児期を対象とした調査は、多様な幼児教育・保育施設があり、公立よりも私立が多く、幼保一元化が進められる2000年代までは、各管轄が異なったため、小・中・高等学校を対象とする場合よりも調査の実施が困難であり、特に大規模調査研究の蓄積が少なかったと考えられる。

や教育学を背景とするFamily Life Educationの実践を蓄積してきた（倉本・黒川監訳、2019）。Family Life Educationは、予防的・教育的アプローチに特徴があり、カウンセリング（心理学）やソーシャルワーク（福祉学）を必要とする前段階の人々を対象として、家族関係学を中心に家政学の基礎知識・技能を含めた個別支援や成人学習の機会を提供する。日本家政学会においても、アメリカやカナダのFamily Life Educationを参考として、2018年に「家庭生活アドバイザー」資格認定が始まった。日本においても、子どもの発達や教育達成だけでなく、家族の凝集性やワーク・ライフ・バランス、健康等生活の質を重視した子育て家族への支援が有効と考えられる。

　教育学的視点からだけでなく、家政学的視点から子育てを論じる際の強みとして、家族メンバー構成員全ての生活の質を重視する点にある。家政学では、子どもと同様に大人の健康と生活にも価値が置かれ、家政学の基礎知識・技能（食物・被服・住居・生活経営・家族関係・保育等）を活用し、家族の生活課題を改善する家政教育が、子育て家庭への具体的な支援方法となる。

　また、日本の保護者が子育ての基礎を学ぶ機会として、中学・高等学校の家庭科（保育領域）がある。小・中・高等学校の家庭科は、1989年告示学習指導要領以降男女必修となり、保育領域は、高等学校で1989年告示学習指導要領以降必修、中学校は、1998年告示学習指導要領以降必修となった。他国では、初等・中等教育に家庭科教育が必修として位置づけられていない場合や家庭科の教育内容に保育が含まれない国もある（荒井ほか、2022）。育児期の困難を軽減する方法として、成人前の段階から、保護者の家事・育児能力を高める学習機会を増やすことも、現代の子育て支援の１つとして有効だろう。

　日本では、家族規模が縮小し、きょうだいがいる子どもが少なくなった。「国民生活基礎調査」（厚生労働省、2021）によると2021年の「児童のいる世帯」は、全世帯の20.7％、うち「児童１人」世帯9.7％、「児童２人」世帯8.2％、「児童３人以上」世帯2.8％であった。家庭内で、小さなきょうだいの発達を知る子どもは少なくなった。また、過疎化が進む地域では、子どもが日常的に徒歩で移動できる範囲内に同世代の子どもが存在しない場合もある。したがって、

日本においては、子どもが保護者へと成長する過程や育児を学習する機会としての教育や子育てする地域の生活環境にも焦点を当てた研究が必要である。

　例えば、育児の国際比較調査から、日本は、幼児期に生活習慣のしつけができていないこと（5歳時点、あいさつ、食事、清潔、片づけ）、青年期の生活的自立度の低さ（15歳時点、整理整頓、マナー、食事作り、働いて報酬を得る）に特徴がみられたという（牧野他編、2010）。「令和3年社会生活基礎調査」（総務省統計局、2022）によると20～24歳の家事時間（週全体平均）は、男性10分、女性23分であった。日本では、育児期前に男女とも家事をほとんどしない生活が一般化した。

　また、「国民生活基礎調査」（厚生労働省、2021）によると2021年の「児童のいる世帯における母の仕事の状況」は、「仕事あり」75.9％、「末子の年齢階級別にみた母の仕事の状況」は、末子0歳の場合、母「仕事なし」43.3％、「正規の職員・従業員」41.4％であった。非正規やその他の仕事も含めると末子が0歳時点で仕事を持つ母親が過半数を占め、日本にも出産後に女性が仕事を当たり前に継続する時代が到来した。

　厚生労働省（2022）「保育所等関連状況取りまとめ（令和4年4月1日）」によると3歳未満児の保育所等利用率43.4％（0歳児17.5％、1・2歳児56.0％）、3歳以上児の保育所等利用率57.5％であった。2020年代に入り、就学前児童の過半数は保育所等を利用し、特に1歳児以降は、どの学年も児童の過半数が、保育所等を利用するようになった。地方では1・2歳児保育所等利用率が70％を超える都道府県（島根県、高知県、福井県、秋田県等）もある（厚生労働省子ども家庭局保育課、2021）。幼児期の生活環境の変化は、都市部から地方へ広がるだけでなく、都市部より地方の進行が早い場合がある。日本では、全国的に地域の子育て家庭が少なくなり、乳幼児を育てる家庭が直面する生活の変化に、当事者以外が気付きにくい現状にある。

　日本の社会問題である少子化は、1965年前後から世界の先進国でも進み（内閣府「選択する未来」委員会2015）、労働人口の確保、出生率の上昇、子どもの貧困の減少との関連から、特に2000年代以降、女性の社会参加と幼児教育・保育の充実（量と質の確保）が重視されるようになった（OECD、2011、2019）。日本

では、1994年に「エンゼルプラン」と「緊急保育対策5か年事業」が出され、保育の量的な拡大が進み、2019年に「幼児教育・保育の無償化」が開始された。

　低年齢児保育の利用状況について、OECD(2021)によると2019年の「3歳未満児の幼児教育及び保育の種類別在籍率」が50％を超えた国は、韓国、ノルウェー、イスラエル、デンマーク、アイスランド、オランダであった。低年齢児保育の質を重視するスウェーデンやニュージーランドは、3歳未満児の在籍率が40％台であった(OECD、2021)。日本も0歳児を含む3歳未満児の保育所等利用率は40％台(厚生労働省、2022)であるが、世界でも低年齢児保育の利用率の高い国に仲間入りしつつある。

　ただし、日本の生活時間は、世界的にみて、家事・育児が女性(特に母親)に偏り、男女共に労働時間(職業労働だけでなく家事労働等も含む)が長いと指摘される(牧野他編、2010、OECD、2019)。ジェンダー平等の視点から課題が大きい。

　1980年代にアメリカの共働き夫婦の家事・育児について調査を行ったホックシールドは、家事や育児を「セカンド・シフト(第二の勤務)」として①共働きの女性は、賃金労働に家事労働を加えると男性よりも年1カ月の超過勤務をしており、②共働き夫婦の多くが、家事や育児や結婚生活にかける時間を削減するストラテジー(戦略)を選択したこと、③上層階級や中産階級の夫婦が投げ出した家事・育児を下層階級の女性が低賃金で担うこと、④夫婦の内面化しているジェンダー・イデオロギーや夫婦の収入格差だけで家事・育児分担の実態を説明できず、⑤家事・育児ができないことを、男女ともに相手に負担を担わせる理由とする場合があること等を指摘した(Hochschild、田中訳1990)。

　日本の保護者は、子ども時代に保育所等の利用経験がある者は少なく、育児期前に家事や育児を行った経験も多くない。しかしながら、妊娠・出産後の家事・育児は、育児期前よりも家事の難易度が高まる。例えば、離乳食や幼児食は、子どもが舌や歯茎で噛み切れる硬さや体の大きさに応じた塩分濃度への調整等が必要となる。子どもがアレルギーを持つ場合は、購入品や外食の利用が難しい場合もある。子どもにまとわりつかれ、自分のタイミングで物事を遂行することすら難しい状態下で、保護者に子どもの命を守る責任

が生じる。妊娠・出産以降、必要とされる家事・育児が質・量ともに急増する中、現代の保護者は保育所等を活用しながら仕事も継続する毎日となる。保護者の多くがパニックに陥り、疲労するのは、むしろ当然のことである。日本の育児においても、保護者が家事や育児に疲弊するだけでなく、家族の重要な生活課題として真摯に向き合い、喜びを感じられるよう、共働き時代の子育て研究を子どもと大人双方の生活の質を高める視点から進める必要がある。

　本著は、幼児を育てる現代家族の生活と教育について、家政学・食品科学・教育社会学の研究者が各々の専門性を活かし、子育て家族の生活の現状から、今後の教育について検討する点に特徴がある。本著は、令和2〜5年度科学研究費「幼児期の子どもの貧困と家政学的視点による予防的・教育的子育て支援策の検討」(基盤研究(C)課題番号20K02399　研究代表者：岩﨑香織、研究分担者：日比香子、寺崎里水)の共同研究の成果の一部である。

　Ⅰ部は、日本の子育てと保育の現状と課題について、近年の保育(1章)と子育て支援制度(2章)の概要と幼児教育(3章)と子育て期の家族(4章)に関する研究動向について、教育学や教育社会学的視点を中心にまとめた。保育学や教育社会学について、大学等で専門的に学習する機会の少ない初学者や一般読者向けに、本著Ⅱ部の内容を理解する上で必要となる日本の保育や子育ての基礎知識をコンパクトに概説した。保育を専門とする読者には、既知の内容であるため、Ⅱ部から読むことをおすすめする。

　Ⅱ部は、東京圏A市(2019年保育所調査Wave 1)と首都圏B市(2021年保育所・認定こども園調査Wave 2)の2地域(各地域約3000名)の年少・年中・年長児を持つ保護者調査のデータ分析から、教育社会学・食品科学・家政学の研究者が、子育て家族の生活と教育について、現状を明らかにする。具体的には、認定こども園・保育所を利用する家族の特徴(5章)、保護者の社会経済的背景が子どもの教育(6章)や朝食の食べ方(7章)に与える影響、幼児の食生活(8章)、家庭と保育で育つ幼児の基本的生活習慣(9章)と家事・手仕事の習慣(10章)の現状について述べる。また、現代の保護者が、保育や様々な社会資源を活用しつつ、過分に子育てに追いつめられることもなく、家事や育児や結婚生活にかける

時間を削減し過ぎず、可能な限りポジティブに生活を営むための方法につい
て家政学的・教育学的視点から検討する。

　現在、乳幼児の発達や子育て家族に関する研究は、様々な研究分野で研究
が蓄積されている。しかし、大学等で幼稚園教諭免許と保育士資格を取得す
る場合ですら、資格により履修科目が異なる。また、中学・高等学校家庭科
の教員養成にも保育学が含まれる。保育を専門とする学生や研究者は、同じ
学部に所属していてさえ、免許・資格の違い等により、共有される幼児教育・
保育の専門知が異なる。保育学と教育学という隣接分野ですら、乳幼児期全
体を網羅した学際研究を行なうことが難しく、発達心理学や子ども社会学等
の研究者であっても、保育の場のことを十分に理解しているとは、必ずしも
いえない状況にあると指摘される(秋田監修、2016、序章)。

　本著は、教育社会学や家政学視点から、子育て家族の生活と教育について
記したものであるが、保育学や家庭科教育を学ぶ学生だけでなく、教育学の
初学者や一般読者にとっても、現代の保育と子育て家族の現状を知り、具体
的な解決策を考える上での参考となれば幸いである。

引用・参考文献

秋田喜代美(監修)山邉昭則・多賀厳太郎(編)、2016　あらゆる学問は保育につなが
　る―発達保育実践政策学の挑戦. 東京大学出版会.
荒井紀子・貴志倫子・井元りえ・一色玲子・羽根裕子・鈴木真由子・亀井佑子・神澤志
　乃、2022　諸外国の家庭科カリキュラムの視点と構造. 日本家庭科教育学会誌, 64(4),
　244-255.
Carol A. Darling & Dawn Cassidy, Lane Powell、2014　*Family Life Education:
　Working with Families across the Lifespan 3rd ed*. Waveland Press.倉元綾子・黒
　川衣代(監訳)、2019　家族生活教育―人の一生と家族第3版. 南方新社.
Hochschild, A. & Machung, A, 1989　*The second shift: Working families and the
　revolution at home*. Penguin. 田中和子(訳)、1990　セカンド・シフト　第二の勤
　務―アメリカ共働き革命のいま. 朝日新聞出版社.
厚生労働省、2017　21世紀出生児縦断調査(平成13年出生児)特別報告の概況.
　https://www.mhlw.go.jp/toukei/saikin/hw/syusseiji/13tokubetu/index.html(最終
　閲覧2023.07.31)
厚生労働省、2018　第7回21世紀出生児縦断調査(平成22年出生児)の結果.

https://www.mhlw.go.jp/toukei/saikin/hw/syusseiji/16/dl/gaikyou.pdf（最終閲覧2023.07.31）

厚生労働省、2021　国民生活基礎調査の概況．https://www.mhlw.go.jp/toukei/saikin/hw/k-tyosa/k-tyosa21/index.html（最終閲覧2023.07.31）

厚生労働省、2022　保育所等関連状況取りまとめ（令和4年4月1日）．https://www.mhlw.go.jp/content/11922000/000979606.pdf（最終閲覧2023.07.31）

厚生労働省子ども家庭局保育課、2021　保育を取り巻く状況について（令和3年5月26日）．https://tokisekkei.co.jp/wp-content/uploads/2021/07/41da84039328dd1eda656c4f93d353be.pdf（最終閲覧2023.07.31）

牧野カツコ・渡辺秀樹・船橋惠子・中野洋恵（編著）、2010　国際比較にみる世界の家族と子育て．ミネルヴァ書房．

内閣府「選択する未来」委員会、2015　選択する未来―人口推計から見えてくる未来像．https://www5.cao.go.jp/keizai-shimon/kaigi/special/future/sentaku/s3_1_5.html（最終閲覧2023.07.31）

内閣府、2020　令和元年度子供の貧困実態調査に関する研究報告書．https://www8.cao.go.jp/kodomonohinkon/chousa/r01/pdf-index.html（最終閲覧2023.07.31）

日本家政学会、2018　『家庭生活アドバイザー』とは．http://www.kateiseikatsu.com/（最終閲覧2023.07.31）

OECD（編著）、2009　国際比較：仕事と家族生活の両立 OECDベイビー＆ボス総合報告書．明石書店．

OECD（編著）、2011　OECD保育白書　人生の始まりこそ力強く―乳幼児期の教育とケア（ECEC）の国際比較．明石書店．

OECD（編著）、2019　OECD保育の質向上白書　人生の始まりこそ力強く―ECECのツールボックス．明石書店．

OECD（編著）、2021　図表でみる教育―OECDインディケータ2021年版．明石書店．総務省統計局2022令和3年社会生活基礎調査．https://www.stat.go.jp/data/shakai/2021/kekka.html（最終閲覧2023.07.31）

全国保育団体連絡会・保育研究所（編）、2022　保育白書2022．ひとなる書房．

目次

I部

子育て期の親子の
安全基地(Secure Base)として
園を考える

1章
現代の子育てと保育・子育て支援制度の充実

現代の日本の保育所等利用率は、1歳以降どの学年も過半数を超え、幼稚園利用者が減り、認定こども園や小規模保育事業の利用が増えた。本章では、「子ども・子育て支援新制度」(2015年施行)と「幼児教育・保育の無償化」(2019年施行)を中心に日本の保育・子育て支援制度の現状を概観する。

1. 日本の幼児教育・保育施設

1) 幼稚園・認定こども園・保育所の違いと資格

日本の幼児教育・保育施設には、認可保育施設(保育所、認定こども園、幼稚園)と認可外保育施設(小規模保育事業等)がある(表1-1)。

認定こども園は、「就学前の子どもに関する教育、保育等の総合的な提供の推進に関する法律」により2006年から本格実施され「小学校就学前の子どもに対する教育及び保育並びに保護者に対する子育て支援の総合的な提供を推進するため」の幼稚園と保育所の機能を併せ持つ施設と位置づけられた。

幼稚園、認定こども園、保育所で保育を行うための資格として、幼稚園教諭免許状(学校で満3歳～就学前児童の保育を行う)や保育士資格(児童福祉施設で保育を行う)があるが、園[1]での保育を行う者は、「保育者」と総称される。認定こども園の3歳未満児は、保育士資格で保育可能であるが、3歳以上児の保育については、幼稚園教諭免許と保育士資格の両方を持つ「保育教諭」が行うことが原則とされる。大学等で幼稚園教諭免許状や保育士資格を取得する場合、幼稚園教諭免許状は、保育士資格よりも一般教養科目と教職科目の履修単位数が多く、保育士資格を取得する場合は、幼稚園教諭免許状とほぼ同じ内容の履修科目に加え、社会福祉、児童家庭福祉、子ども保健、子どもの食と栄養、乳児保育、社会的養護等の専門科目についても履修する必要がある。

1　園という表現は、主に幼児教育・保育学において、日本の幼児教育・保育施設(幼稚園、認定こども園、保育所等)を総称する語として用いられる。

表1-1　日本の幼児教育・保育施設

	認可保育施設			認可外保育施設
	幼稚園	認定こども園	保育所	小規模保育事業等
管轄・法的な位置づけ	文部科学省・学校(学校教育法)	子ども家庭庁・学校及び児童福祉施設(認定こども園法)	子ども家庭庁・児童福祉施設(児童福祉法)	子ども家庭庁・地域型保育給付施設は、市町村が確認(子ども・子育て支援法)
教育・保育内容の基準	幼稚園教育要領	幼保連携型認定こども園教育・保育要領※	保育所保育指針(教育に関するものは、幼稚園教育要領に準ずる)	認可外保育施設指導監督の指針(保育所保育指針の理解が不可欠とされる)
保育者の資格	幼稚園教諭(幼稚園教諭免許状)	保育教諭(幼稚園免許＋保育士資格)が原則	保育士(保育士資格)が原則	保育士(保育士資格)及び保育補助(無資格)
利用目的・対象年齢	教育利用:満3歳※※～就学前	保育利用:0歳～就学前 教育利用:満3歳※※～就学前	保育利用:0歳～就学前	保育利用:0～3歳未満中心(3歳以上児は、認可施設への転園を推奨)
認定区分	1号認定	1・2・3号認定	2・3号認定	施設等による
保育時間の目安	4時間(教育標準時間)	教育:4時間、保育:8～11時間	8～11時間(保育短時間～保育標準時間)	

※認定こども園には、幼保連携型・幼稚園型・保育所型・地方裁量型があり、設置主体や保育者に必要とされる資格等が異なるが、幼保連携型認定こども園教育・保育要領は、全認定こども園の参照規準とされ、幼稚園教育要領及び保育所保育指針に基づき作成されている。
※※満3歳児保育を実施している幼稚園及び幼稚園型認定こども園のみ。

2)子ども・子育て支援新制度

　2015(平成27)年4月より、子ども・子育て関連3法[「子ども・子育て支援法」、「認定こども園法の一部改正」、「子ども・子育て支援法及び認定こども園法の一部改正法の施行に伴う関係法律の整備等に関する法律」2012(平成24)年成立]に基づく「子ども・子育て支援新制度」が本格施行された。「子ども・子育て支援新制度」の柱の1つに、幼稚園的機能と保育所的機能の両方をあわせ持つ単一の施設として、幼保連携型認定こども園を位置づけ、幼稚園教諭免許と

保育士資格を併有する保育者を増やす試みがある。

　近年では、保育所等の待機児童は、大都市圏のみに集中し、少子化により全国の幼稚園や地方の保育所等では、定員割れが深刻となった(全国保育団体連絡会・保育研究所編、2022)。地方では、幼稚園だけでなく保育所も3歳以上児の定員割れが深刻となり、その対応策として低年齢児保育の定員を積極的に拡大した地域もある(岩﨑、2018、全国保育団体連絡会・保育研究所編、2022)。2015年の「子ども・子育て支援新制度」施行と前後して、地方では、幼稚園も保育所も認定こども園化が進んだ。内閣府(2023)によると、令和4年4月1日時点の認定こども園数は、全国で9,220園(公立1,414園、私立7,806園)であり、計110万人以上の園児が在籍した。

　厚生労働省子ども家庭局保育課(2021)によると「保育所の利用児童のピークは令和7(2025)年度となる見込み」とされ、日本総合研究所(2017)は、保育所等の待機児童数が最も多い東京都であっても、保育所ニーズは、2020年以降横ばい(または減少)と試算した。幼稚園が幼稚園のまま存続される地域は、東京圏など限定的となり、幼稚園の預かり保育が一般化した。預かり保育とは、幼稚園の通常の教育時間の終了後などに幼稚園で園児を預かる延長保育のことを指す。また、幼稚園では、預かり保育以外に、園の施設を利用した各種習い事(体操、ダンス、習字、英会話、フラワーアレンジメント等)を子ども向け・大人向けに提供するケースも多い(有料)。

　「子ども・子育て支援新制度」のもう1つの柱は、消費税率引き上げによる増収分や追加の恒久財源の確保により、「すべての子ども・子育て家庭を対象に、幼児教育・保育、地域の子ども・子育て支援の質・量の拡充を図る」ことにあり、施設型給付・地域型保育給付が行われることとなった(内閣府子ども・子育て本部、2022)。施設型給付とは、認可保育施設(認定こども園、幼稚園、保育所)を対象とした財政支援を指す。地域型保育給付とは、新たに市町村の認可事業となる認可外保育施設を対象とした財政支援を意味する。

　地域型保育給付として、これまでに認可外保育施設として財政支援の対象外であった特定地域型保育事業(小規模保育事業、家庭的保育事業、事業所内保育事

業及び居宅訪問型保育事業)への財政支援が行われることとなった[2]。

　①**小規模保育事業**(定員6〜19人)は、保育所(原則20人以上)より少人数の単位で、子どもを保育する認可外保育施設であり、都市部における待機児童解消や少子化が進む地域の保育機能確保のために必要な施設と位置づけられた。

　②**家庭的保育**(保育ママ)は、運営者の自宅の一部や集合住宅の1室等を使用し、家庭的な環境で定員5人以下の子どもを保育する。

　③**事業所内保育**は、従業員の子どもと地域の子どもを一緒に保育する場合に、財政支援の対象となった。

　④**居宅訪問型保育**は、障害・疾患などで個別のケアが必要な場合や、施設が無くなった地域で保育を維持する必要がある場合などに、保護者の自宅にて1対1で保育を行う。

3) 認可外保育施設の意義と課題

　認可外保育施設とは、どんな施設だろうか。認可外保育施設は、園庭がなく、集合住宅の一角に配置され、十分な広さが確保できない施設、保育士の人数配置が少ない等、設置基準が認可保育施設よりも低い点に課題がある。大都市圏の0〜2歳児を中心とした待機児童が多い地域では、夫婦共にフルタイム就労であり世帯所得が高い場合や就労時間が不定期または短い場合、就労以外の事由で保育が必要となる場合に、保護者が保育所等の利用を申し込んでも認可保育施設(保育所、認定こども園)への入所が認められないケースが多かった。その際に活用されてきたのが、認可外保育施設である。

　保護者にとっては、施設に園庭がなくとも、駅前など通勤途中に立ち寄りやすい場所にあり、職員の中に有資格者(保育士資格)が少なくとも、休日保育や夕方の補食等、認可保育施設での対応が難しいケースにまで、きめ細かに対応してくれることもある認可外保育施設の利用が、生活の安定に欠かせない場合もある。

2　地域型保育給付の利用者は、主に0〜2歳の乳幼児であり、3歳以上児は、認可保育施設への転園が推奨されている。

厚生労働省(2022)「保育所等関連状況取りまとめ(令和4年4月1日)」では、保育所等の利用に認可保育施設だけでなく、特定地域型保育事業の利用を含めて集計される。2022年4月時点で3歳未満児の保育所等利用率43.4%（0歳児17.5%、1・2歳児56.0%）、3歳以上児の保育所等利用率57.5%であった。そのうち、特定地域型保育事業は、7,474施設、92,208人の児童が利用したという(厚生労働省、2022)。

　現在よりも低年齢児保育の受け皿が少なかった2000〜2010年代には、「保活」(＝就活と同様に、保育所に入るための情報収集や見学等の事前準備を行う活動)がブームとなり、特に大都市圏では、認可保育施設へ入所するまでの待機期間に認可外保育施設を利用する家庭が多かった。

　近年、待機児童のいる地域は、全国的に少なくなったが、保護者の働きやすさから、駅前など送迎しやすい保育所等に希望が集中し、郊外の認可外保育施設に空きが出る場合がある。同一自治体内で保護者の利用希望施設と提供可能施設にミスマッチが生じているのである。

　そこで、大都市圏の自治体を中心に、保護者の通いやすい駅前に「送迎保育ステーション」を設け、駅から離れた認可保育施設の利用を促す取り組みが始まった。「送迎保育ステーション」は、朝夕と日中の保育場所が異なり、保護者が日中の保育所等の様子を直接知る機会が減る。

　近年の多様な保育サービスは、保護者の働き方の多様化を受け、保護者にとって働きやすく柔軟な仕組みやサービスが増えてきたが、一方で、子どもの立場に立った保育の質確保が、やや置き去りにされている。

2. 幼児教育・保育の利用方法　―保育の必要性の認定―

　「子ども・子育て支援新制度」では、教育・保育を利用する子どもについて3つの認定区分が設けられ、市区町村は、保護者の申請を受け、客観的な基準に基づき、保育の必要性を認定した上で、給付を支給する仕組みとなった。

教育利用とは、幼稚園・認定こども園を教育標準時間（4時間）利用することを指す（預かり保育の有無は問わない）。保育利用とは、保育所・認定こども園等を8〜11時間（保育短時間〜保育標準時間）利用することを意味する（延長保育の有無は問わない）。

　満3歳以上の小学校就学前の子どもで、幼稚園や認定こども園を教育利用するものは、「1号認定子ども」。満3歳以上の小学校就学前の子どもで、保護者の労働又は疾病その他の内閣府令で定める事由により家庭において必要な保育を受けることが困難であり、保育所や認定こども園を保育利用するものは、「2号認定子ども」。満3歳未満の子どもで2号認定と同様に内閣府令で定める事由により保育所や認定こども園、小規模保育等を保育利用するものは、「3号認定子ども」と分類されることとなった。

　幼稚園や認定こども園の教育利用を希望する場合は、入園を希望する園に保護者が直接申し込むが、保育所や認定こども園を保育利用したい場合は、保護者が市区町村に申し込み、保育の必要性を認定（2・3号認定）される必要がある。また、保護者は、希望園の候補をあげることはできるが、各市区町村から入所が認められた園にしか、子どもを入園させることができない。

表1-2　保育の必要性を認定する事由

① 就労［フルタイムのほか、パートタイム、夜間など基本的にすべての就労に対応（一時預かりで対応可能な短時間の就労は除く）］
② 妊娠、出産
③ 保護者の疾病、障害
④ 同居又は長期入院等している親族の介護・看護（兄弟姉妹の小児慢性疾患に伴う看護など、同居又は長期入院・入所している親族の常時の介護、看護）
⑤ 災害復旧
⑥ 求職活動（起業準備を含む）
⑦ 就学（職業訓練校等における職業訓練を含む）
⑧ 虐待やＤＶのおそれがあること
⑨ 育児休業取得時に、既に保育を利用している子どもがいて継続利用が必要であること
⑩ その他、上記に類する状態として市町村が認める場合

保育の必要性の認定に当たっては、①事由（後述）、②区分（保育必要量）について、国の基準が設定されている（内閣府子ども・子育て本部、2022）。保育の必要性を認定する事由は、以下（表1-2）のいずれかに該当する必要がある。加えて、優先利用の条件として、①ひとり親家庭、②生活保護世帯、③生計中心者の失業により、就労の必要性が高い場合、④虐待やＤＶのおそれがある場合など、社会的養護が必要な場合、⑤子どもが障害を有する場合、⑥育児休業明け、⑦兄弟姉妹（多胎児を含む）が同一の保育所等の利用を希望する場合、⑧小規模保育事業などの卒園児童、⑨その他市町村が定める事由がある。

　保育必要量は、主にフルタイム就労（１ヵ月当たり120時間程度の就労）を想定した「保育標準時間」と主にパートタイム就労（１ヵ月当たり48～64時間程度の就労）を想定した「保育短時間」の２区分があり、保護者の就労以外の事由（表1-2の②～⑩）で保育を必要とする場合は、「保育短時間」となる。

　ただし、日本では、幼稚園や保育所等で行われる就学前教育に、保護者は子どもを通わせる義務がない。内閣府（2018）によると、2018年度の３歳児5.2％（5.1万人）、４歳児2.7％（2.7万人）、５歳児1.7％（1.7万人）が未就園児と推計された。

３．幼児教育・保育の無償化

１）幼児教育・保育の無償化の恩恵

　2019年10月から、「幼児教育・保育の無償化」が開始された。その対象は、０～２歳児のうち、住民税非課税世帯、３～５歳児は、すべての児童であった[3]。１号認定の保育料（月額最大25,700円＋預かり保育11,300円まで）、２号認定の保育料（平均37,000円）、３号認定（住民税非課税世帯のみ）の保育料（42,000円まで）が無償化の対象となり、食材（主食・副食）費や通園送迎費等の実費は、保護者から徴収されることとなった。

3　無償化の対象は、施設型給付、地域型保育給付だけでなく、企業主導型保育事業や就学前の障害児の発達支援も含む。

「子ども・子育て支援新制度」及び「幼児教育・保育の無償化」以前の日本では、幼稚園と保育所で保育料の徴収方法が現在と大きく異なっていた。

　幼稚園は、応益負担（保護者の所得に関わらず一定額の保育料を負担する）の考えから各園または市区町村が保育料を設定し、保護者各自が園に保育料を支払った後、市町村が保護者の世帯収入に応じて幼稚園就園奨励費により補助を行う仕組みであった。「幼児教育・保育の無償化」以降、幼稚園就園奨励費は廃止され、2022年現在、全国の私立幼稚園の59.1％が新制度へ移行し、施設型給付（市町村が保育料を決定し、保護者から徴収する）の対象となった（全国保育団体連絡会・保育研究所編、2022）。

　保育所は、応能負担（保護者の所得に応じて保育料を負担する）の考えから市区町村により保育料が設定されてきた。現在も保育所等の３歳未満児の保育料は、応能負担により徴収される。つまり、保護者の所得が高いほど保育料が高額となり、例えば、同じクラスに無料で保育を受ける児童と月額８〜10万円の保育料を支払う児童が混在することになる。保育所や認定こども園は、社会福祉施設の１つとされ、福祉の観点から、より必要度の高い利用者に支援を手厚くすることが、保育所保育の基本とされ、結果の平等が尊重されてきたためである。

　諸外国では、就学前児童の就園率が必ずしも高くない国が多く、貧困対策として就学前教育無償化の効果が大きいと指摘される（OECD編著、2019）。しかし、就園率が著しく高い日本では、「幼児教育・保育の無償化」の恩恵は、限定的と考えられる。何故ならば、無償化前の幼稚園就園奨励費事業や保育所等の応能負担による保育料は、高所得者層に高く設定されていたことから、３歳以上児の保育料無償化は、高所得者層にとってより恩恵が大きい。低所得者層では、無償化前の保育料よりも、無償化後の保護者負担の食費等の実費が高くなるケースがみられたという（全国保育団体連絡会・保育研究所編、2022）。

２）幼児教育・保育の無償化を保護者はどう受け止めたか

　「幼児教育・保育の無償化」の開始前後には、「子どもを何歳からどの園に入

れると得か？」という点がニュース等で注目された。保護者は、子どもの教育費に敏感である。

　例えば、園の教育利用者よりも保育利用者に無償化の対象となる金額が高く設定された。また、保育所等を保育利用する場合、年少児保育（4月1日時点の3歳児）からが無償化の対象となるが、幼稚園等を教育利用する場合、満3歳児からの保育が無償化の対象となった。幼稚園の満3歳児保育[4]は、保育所等の2歳児クラスと同じ学年の子どもが満3歳となった後に幼稚園へ入園（途中入園も可）し、毎日の保育を行うものである。特に地方の幼稚園で定員割れ対策の一つとして、預かり保育や休日保育等と共に、満3歳児保育が積極的に導入された。

　本著Ⅱ部にまとめた首都圏B市調査（Wave 2：保育所・認定こども園調査）を行った地域も、2015年前後に市内幼稚園の全てが認定こども園へと移行した。また、同地域の認定こども園（私立）は、幼稚園として運営されていた時代から市内全園で満3歳児保育を行ってきた。地方では、低年齢児であっても子どもを預けることのできる認可保育施設が充実し、近隣に保護者の親族が居住するケースも大都市圏より多い傾向にある。近所（親子が歩ける範囲）に同世代の仲間を見つけにくいという点を除けば、大都市圏よりも地縁を活かした子育てを行いやすい環境が実現している地域もある。

　『保育白書2022』（全国保育団体連絡会・保育研究所編、2022）によると、「幼児教育・保育の無償化」の実施以降、2020年の就学前児童（全年齢）の保育利用率が増加し、認定こども園と認可外保育施設の利用率が増加したという。したがって、「幼児教育・保育の無償化」は、保育者の就労意欲を高める1つのきっかけとなったと考えられる。

　幼稚園の満3歳児保育や預かり保育の充実、認定こども園の増加も、幼児を持つ保護者（特に母親）の就業率を上昇させると考えられる。厚生労働省（2021）によると、2021年に末子3〜5歳の児童がいる世帯で母が「仕事なし」の割合

4　満3歳児保育は、2歳児が幼稚園等に慣れるため、月数回程度、保護者と園活動に参加するプレ保育とは異なる。

は、いずれも30％未満であり、子どもの年齢が上がるにつれ、非正規の職員・従業員割合が高まった。現在、幼児を持つ保護者の7割以上は、非正規雇用も含め仕事を持っている。特に、認定こども園は、出産や再就職等のタイミングに応じ、園の教育・保育利用を比較的容易に変更できる点で、近年、保護者から人気がある。

　「子どもを何歳からどの園に入れると得か？」という問いに、唯一絶対の正解はない。しかし、保護者の多くは、保育所だけでなく、幼稚園の満3歳児保育や預かり保育、認定こども園、認可外保育施設等の利用も視野に入れ、出産や育児のタイミングを見計らいつつ、自身の体力や世帯収入も考慮し、日々難しいやり繰りをしていると考えられる。

4. 子育て期の親子の安全基地(Secure Base)としての園

　今日の幼児教育・保育施設は、子どもを預けるだけでなく保護者も親としての知識・技能を高めるための援助を数多く取り入れるようになった。安全基地(Secure Base)とは、幼い子どもが養育者との間に愛着(安定した情緒関係、信頼関係)を形成すると、次第に養育者を心のよりどころとして探索活動を広げる状況(危険を感じると安全基地に戻り身を守る)を意味し、大人を対象とした精神療法の場でも、治療者が安全基地の役割を果たし、患者が安心や自信を身につける援助が必要とされてきた(Bowlby、1988)。

　日本の少子化対策は、1990年に前年(平成元年)の合計特殊出生率が戦後最低を記録した1.57ショックを契機として、1994年に出された「エンゼルプラン」と「緊急保育対策5か年事業」から始まった。「緊急保育対策5か年事業」(厚生省1994)は、エンゼルプランのうち①低年齢児保育の促進、②多様な保育サービスの促進、③保育所の多機能化のための整備(乳児保育、地域の子育て支援)、④保育料の軽減(乳児や多子世帯)、⑤地域子育て支援センターの設置、⑥母子保健医療体制の充実について、具体的数値目標が掲げられ推進されたもので

ある。また、1999年の児童福祉法施行令の改正により、保母は「保育士」へと名称変更され、2003年の児童福祉法改正により名称独占資格[5]・国家資格となると同時に、保育所と保育士に入所する児童の保育に加え、地域の子育て支援を担う責務が課された。2006年に制定された認定こども園法にも、認定こども園が保育所と同様に、地域の子育て支援を担うことが示された。幼稚園も、1998年の幼稚園教育要領の改訂により、子育て支援や「幼稚園の教育課程に係る教育時間終了後に希望する者を対象に行う教育活動」（通称：預かり保育）が位置づけられた。

　つまり、1990年代後半から2000年代にかけて、日本の保育所や認定こども園、幼稚園は、園児の保育だけを行う場ではなく、地域の子育て支援を担うこととなった。その後、独立型の地域子育て支援センターを含め、日本全国の市区町村に地域子育て支援センターが設置され、市区町村に妊娠届や出産届を提出すると、居住地域の子育て支援情報が提供されるようになった。

　しかし、2000年当時の1・2歳児の保育利用率は20％未満であった（厚生労働省子ども家庭局保育課、2021）。認定こども園は、2006年に制定された。つまり、2000年代生まれの子どもが成人した場合も、自身の子ども時代には幼稚園の利用が多く、地域の様々な子育て支援を利用した経験は少ない。日本で子育てを行う場合、自治体から様々な幼児教育・保育施設や子育て支援センター等の情報提供があったとしても、自分が地域資源を活用した育児を行うイメージを持ちにくい保護者が多い。しかし、利用頻度の高い家庭は、ほぼ365日（休業日以外は連日）、園や地域子育て支援センター等を安全基地とし、子育てを行っている。

　日本の保育・子育て支援制度は、一般社会のイメージよりも実際は、充実している。しかし、日本の幼児教育・保育（3歳～義務教育開始年齢）のクラス人数は、世界的にみて保育者1名当たりの子ども数が多いという課題もある（OECD編著、2019）。OECD19か国の平均（OECD編著、2019）では、幼稚園／プリ

5　名称独占資格とは、資格取得者のみが、その名称を名乗ることができる。つまり、保育所等に勤務していなくても「保育士」を名乗ることができ、地域の子育て支援等の場で活動することができる。

スクールの場合、職員1名が担当できる子どもの数は最大18名に制限されるが、日本の幼稚園は、1学級35人以下が原則とされる。幼稚園と保育所等の利用定員（1クラス当たりの児童数、保育者1名当たりの児童数）や保育者の待遇（専任の給与水準、非常勤の多さ）等を、より質の高い水準に合わせて労働環境を均質化することが、保育の喫緊の課題とされる（全国保育団体連絡会・保育研究所編、2022）。

　保育の現状や制度と課題について、子育て当事者だけでなく、多くの人が知ることが、子育てしやすい社会の実現につながると考えられる。

引用・参考文献

岩﨑香織、2018　地方都市における低年齢児保育の利用状況―東北地方C市（1990〜2000年代前半）の事例から．國學院大學栃木短期大學紀要 53，91-109.

John Bowlby、1988　*A Secure Base: Clinical Applications of Attachment Theory* Routledge　二木武（監訳）、1993　母と子のアタッチメント―心の安全基地．医歯薬出版.

厚生省、1995　緊急保育対策5か年計画の概要．https://www.ipss.go.jp/publication/j/shiryou/no.13/data/shiryou/syakaifukushi/517.pdf（最終閲覧 2023.07.31）

厚生労働省、2021　国民生活基礎調査の概況．https://www.mhlw.go.jp/toukei/saikin/hw/k-tyosa/k-tyosa21/index.html（最終閲覧2023.07.31）

厚生労働省子ども家庭局保育課、2021保育を取り巻く状況について（令和3年5月26日）．https://tokisekkei.co.jp/wp-content/uploads/2021/07/41da84039328dd　1eda656c　4f93d353be.pdf（最終閲覧 2023.07.31）

厚生労働省、2022　保育所等関連状況取りまとめ（令和4年4月1日）．https://www.mhlw.go.jp/content/11922000/000979606.pdf（最終閲覧 2023.07.31）

内閣府、2018　幼児教育の無償化に係る参考資料．https://www8.cao.go.jp/shoushi/shinseido/outline/pdf/free_ed/child_sanko.pdf（最終閲覧 2023.07.31）

内閣府、2023　認定こども園に関する状況について（令和4年4月1日現在）．https://www8.cao.go.jp/shoushi/kodomoen/pdf/kodomoen_jokyo.pdf（最終閲覧 2023.07.31）

内閣府子ども・子育て本部、2022　子ども・子育て支援新制度について．https://www8.cao.go.jp/shoushi/shinseido/outline/pdf/setsumei_p1.pdf（最終閲覧 2023.07.31）

日本総合研究所、2017　2040年までの保育ニーズの将来展望と対応の在り方．https://www.soumu.go.jp/main_content/000514930.pdf（最終閲覧 2023.07.31）

OECD（編著）、2019　OECD保育の質向上白書 人生の始まりこそ力強く―ECECのツールボックス．明石書店.

全国保育団体連絡会・保育研究所（編）、2022　保育白書2022．ひとなる書房.

2章

乳幼児を育てる保護者の育児不安と子育て支援制度

日本では、戦前に、大規模家族や親族、地域全体で子育てを協力してきた歴史がある。戦後に就業構造が変化し、核家族化が進行すると育児の負担が母親に集中し、地域で孤立する母親の育児不安の軽減が子育て支援の課題の１つとなった。現代の地域の子育て家庭を対象とした支援について解説する。

1. 母親の育児に関する神話と育児不安

日本では、高度経済成長期に就業構造が変化し、サラリーマンとその妻と子どもという核家族化が進行した。「男は仕事、女は家庭」という性別役割分業が一般化すると、欧米の愛着研究が母子関係に焦点化した研究であったこともあり、育児に専念する母を美徳とする社会的風潮が強まった。乳幼児を持つ母が育児に専念することが当然視される社会環境において、保育所等入所の選考基準は、「保育に欠ける」かと「同居親族等による保育ができない」こととされ、保育所を利用する保護者(特に母親)は、子ども発達への悪影響に怯え、罪悪感を抱え保育を利用する状況にあった。

その一方で、1980 〜 90年代には、母子密着の育児、専業主婦の育児不安、児童虐待の増加等が社会問題となった。育児不安とは、「子の現状や将来あるいは育児のやり方や結果に対する漠然とした恐れを含む情緒の状態(p.34)」である(牧野、1982)。育児不安は、専業主婦により強く感じられ、夫との関係(会話、子育ての責任の共有等)や母親自身のネットワークの広さ(近所づき合い、社会活動や学習機会、趣味等)により軽減される(牧野、2004)。牧野が「育児不安」研究を行うことになったきっかけは、事件や新聞報道において「母子心中をした母親は『気の毒な』という扱われ方をし、子どもを殺した母親は『人でなし』という扱われ方(p.47)」をされたことにあったという(牧野他2006)。牧野は、1980年代から父親の育児の重要性や母親が社会とつながり学びの機会を持つことの意義を指摘し、青年期までに家庭科教育等により、子育てについて体験的に学

習する必要性を主張した(牧野、2004)。

　育児不安は、保護者の養育態度を左右する。児童虐待防止の観点からも保護者の育児不安が注目されるようになり、乳幼児を持つ保護者の育児不安の軽減が、現代の子育て支援の目的の1つとなった。2000年代以降、保育の受け皿の拡大等の保育所等利用者への支援に加え、地域の子育て家庭を対象とする支援が整えられるようになった。

　「女性には生まれつき母性が備わっている」とする母性神話や「子どもが幼い頃(3歳頃まで)は、母親が子育てを行わないと子どもの成長に悪影響がある」とする三歳児神話は、1998年の『厚生白書』において「三歳児神話には、少なくとも合理的な根拠は認められない(p.58)」と否定された。同白書では、日本において、戦前に大規模家族または親族、地域全体の支援を得て子育てを行ってきた歴史があり、「あたかも普遍的なものと受け止められがちな『母親は子育てに専念するもの』としての社会的規範は、戦後数十年の間に形成されたに過ぎない(p.57)」、「育児不安や育児ノイローゼは、専業主婦に多く見られる(p.57)」当時の状況を指摘した(厚生省1998)。更に「たいていの育児は父親(男性)によっても遂行可能(p.58)」であり、「大切なのは、子どもに注がれる愛情の質である(p.58)」、「『手づくり』は愛情表現のひとつであるが(p.59)」、「子どもと直接向き合い接する時間を大切にすることのほうが子どもにとっての喜びであることもある(p.59)」と記された(厚生省、1998)。しかし、日本の子育てには、今もなお母性神話や三歳児神話の影響が残っており、子育ての困難さを増す要因の1つとなっている。

　現在、「子ども・子育て支援新制度」では、保育を必要とする事由として、求職活動や就学、育児休業取得時の継続利用等が明記された。子どもが保育所を利用するのは、「保育に欠ける」(=かわいそうな家庭環境であるため社会福祉を利用する)からでなく、「保育が必要」(=保育を必要とする人はだれでも利用できる)であるためと保育所等入所の選考基準が変化した。画期的な社会の変化といえる。

2．日本の子育て支援制度

　2015年4月から本格実施された子ども・子育て支援新制度は、その後一部改訂され、2022年現在、地域子ども・子育て支援事業として13事業を行っている（内閣府2015）。ただし、全ての自治体に全事業が導入されているわけではない。表3−1に各事業の概要を示した。

表3−1　地域子ども・子育て支援事業

①**利用者支援事業**：身近な場所（地域子育て支援センター、行政機関の窓口、保健所・保健センター等）で、教育・保育施設や地域の子育て支援事業等の情報提供、相談・助言等を行い、関係機関との連絡調整等を実施する。

②**地域子育て支援拠点事業**：乳幼児（主に3歳未満児）と保護者が、気軽に集い相互交流を行う場所を開設（保育所や認定こども園等の児童福祉施設、公共施設、商店街、民家、集合住宅の一室等）、子育てについての相談、講習、情報の提供、助言その他の援助を行う。

③**妊婦健康診査**：妊婦に対する健康診査として、健康状態の把握、検査計測、保健指導を実施し、妊娠期間中の適時に必要に応じた医学的検査を実施する。

④**乳児家庭全戸訪問事業**：生後4か月までの乳児のいるすべての家庭を訪問し、子育て支援の情報提供や養育環境等の把握を行う。

⑤**養育支援訪問事業・子どもを守る地域ネットワーク機能強化事業**：養育支援が特に必要な家庭に対し、その居宅を訪問し、養育に関する指導・助言等を行い、当該家庭の適切な養育の実施を確保する事業及び要保護児童対策協議会（子どもを守る地域ネットワーク）の機能強化のため、調整機関職員やネットワーク構成員の専門性強化と、ネットワーク機関間の連携強化を図る事業がある。

⑥**子育て短期支援事業**：保護者の疾病やひとり親家庭等の理由により家庭において養育を受けることが一時的に困難となった児童について、児童養護施設等で預かる。

⑦**ファミリー・サポートセンター事業**：乳幼児や小学生等の児童を有する子育て中の保護者を会員として、児童の預かり等の援助を受けることを希望する者と、当該援助を行うことを希望する者との相互援助活動、ファミリー・サポートセンターが会員の研修や会員間の連絡・調整を行う。

⑧**一時預かり事業**：家庭において保育を受けることが一時的に困難となった乳幼児について、主として昼間において、認定こども園、幼稚園、保育所、地域子育て支援拠点その他の場所で一時的に預かり、必要な保護を行う。幼稚園が行う預かり保育も、一時預かり事業（幼稚園型）に再編された。

⑨**延長保育事業**：保育認定を受けた子どもについて、通常の利用日及び利用時間以外の日及び時間において、認定こども園、保育所等で引き続き保育を実施する。

⑩**病児保育事業**：病児について、病院・保育所等に付設された専用スペース等において、看護師等が一時的に保育等を実施する事業である。

⑪**放課後児童健全育成事業**：保護者が労働等により昼間家庭にいない小学校に就学している児童（1〜6年生）に対し、授業の終了後に小学校の余裕教室、児童館等を利用して適切な遊び及び生活の場を与えて、その健全な育成を図る（放課後児童クラブ、学童保育）。

⑫**実費徴収に係る補足給付を行う事業**：保護者の世帯所得の状況等を勘案して、特定教育・保育施設等に対して保護者が支払うべき給食費、日用品、文房具その他の教育・保育に必要な物品の購入に要する費用又は行事への参加に要する費用等を助成する。

⑬**多様な事業者の参入促進・能力活用事業**：地域の教育・保育需要に沿った教育・保育施設等の量的拡大を進める上で、多様な事業者の新規参入を支援するほか、特別な支援が必要な子どもを受け入れる認定こども園の設置者に対して、必要な費用の一部を補助する。

内閣府2015『子ども・子育て支援新制度ハンドブック（施設・事業者向け）（平成27年7月改訂版）』より作成

①**利用者支援事業**は、乳幼児を育てる保護者が、ワンストップで幼児教育・保育施設の入園や地域の子育て支援サービスの利用について、相談することができる。自治体により「保育コンシェルジュ」と呼ばれる場合もある。

②**地域子育て支援拠点事業**は、子育て支援員（保育士等の資格を持つ場合が多い）が常駐し、遊びや育児・生活についての助言や親子の仲間づくり等の様々支援を行う。離乳食づくりやベビーマッサージ等の多様な講座、一時保育も行われる（一部有料）。生後3か月頃から利用できるセンターが多く、中学校学区あたり1か所の地域子育て支援センターの設置が目標とされ、保護者は父母に限られず登録者が利用できる（無料）。

初めての利用者も安心して過ごせるよう、子育て支援員がサポートを行うため、いわゆるママ友・パパ友の関係づくりが苦手な保護者も利用しやすい。施設によっては、昼食を購入して食べることもでき、利用開始直後は、センターへ通うことに苦手感があっても、子どもも保護者も育児の同じような時期に同じような興味や困難に直面するため、継続的に通うと育児仲間をつくりやすい。また、自分以外の保護者や子どもにも、得意・不得意がある様子が観察しやすく、様々な年齢・月齢の親子の実際の姿から、子どもの発達と育て方についての見通しが持てるようになり、子育ての安心感が増す。同じ

曜日の同じ時間帯に同じ親子が利用する傾向にある。

　④乳児家庭全戸訪問事業、⑤養育支援訪問事業、子どもを守る地域ネットワーク機能強化事業(その他要保護児童等の支援に資する事業)は、行政が子育て家庭を訪問し、子育て支援を行う点に特徴がある。④乳児家庭全戸訪問事業は、対象者数が多いため、訪問者は、研修を受けて登用された保健師・助産師・看護師、保育士、児童委員等、幅広い人材となる(非常勤が多い)。訪問時に子どもの発達や保護者の不安等に課題がある場合は、養育支援訪問事業へ支援が引き継がれる。⑤養育支援訪問事業は、養育支援が必要な家庭のみを対象としている。継続的な指導・助言に高度な専門性が必要とされ、訪問者は、自治体の専任職員(保健師・助産師・看護師、保育士等)が担当する場合が多い。

　初めて育児を行う保護者にとって有意義な制度であるが、特に養育支援訪問事業の指導対象となった保護者にとっては、負担感が大きいという問題がある。何故ならば、養育支援が必要な家庭としては、保護者自身の持病や生活環境等に課題があるケースと子どもの健康・発達に課題があるケースが含まれ、様々な専門家の指導・助言があったとしても、一朝一夕に子どもや家庭環境が改善されることは稀であり、保護者は特別な支援の対象となってしまった自分の育児に継続的に向き合わされることになるためである。

　⑤子どもを守る地域ネットワーク機能強化事業は、虐待やＤＶのおそれがある場合など、社会的養護が必要な場合に要保護児童を地域で支援する事業である。「保護者のない児童又は保護者に監護させることが不適当であると認められる児童)」(児童福祉法第6条の3)は、要保護児童とよばれる。虐待を受けた子どもに限らず、非行児童等も含まれる。要保護児童対策協議会は、地域の児童福祉関係(市区町村担当部局、児童相談所、福祉事務所、保育所、民生・児童委員等)、保健医療関係(保健センター、医師会、精神保健福祉士、臨床心理士等)、教育関係(教育委員会、学校等)、警察・司法関係(警察、弁護士会等)、その他のメンバーが構成員となり、要保護児童を継続的に地域で見守るための協議会である。要保護児童や要支援家庭への対応として、④⑤の事業は、相互に関連させながら、児童虐待の発生予防と早期発見・早期対応のため連携を図り実施され

る（内閣府、2015）。

　「虐待やＤＶのおそれがある場合」や「子どもが障害を有する場合」は、保育の優先利用の条件に該当する。育児が困難な家庭への支援として、保育所等の利用が勧められる場合がある。いずれも短期間で問題解決するケースは稀であり、乳幼児期から学童期へと長期的な地域での見守りが必要となる。

　⑥子育て短期支援事業のうち、ショートステイは、子どもの宿泊を伴う保育であり、育児不安や育児疲れ、慢性疾患児の看病疲れ等の身体的・精神的負担の軽減が必要な場合も一時的に利用できる。トワイライトステイは、宿泊を伴わない夜間保育である（利用時間：午後5～10時の施設が多い）。

　⑦ファミリー・サポートセンター事業は、センターが仲立ちとなり、子育てを受けたい地域住民と子育てをサポートしたい地域ボランティア（有償ボランティア、目安として1時間1,000円前後）の関係を取り持つ仕組みである。また、子どもが小学生になってからも利用できる。

　⑧一時預かり事業は、保育所等を利用しない乳幼児を一時的に預かる事業であり、一般型（保育所、地域子育て支援センター等での預かり）、余裕活用型（保育所等の利用定員に達していない場合）、幼稚園型（預かり保育）、訪問型（ベビーシッター）の4形態がある（内閣府、2015）。利用方法や料金は、施設によるが、給食・おやつ代を含め2000～3000円が目安となる。

　⑦ファミリー・サポートセンター事業と⑧一時預かり事業は、事前登録や予約が必要だが、理由を問わず子どもを一時的に預けることができる仕組みである。保護者が自分1人で子育てを行っていると通院や髪を切ることすら困難となる場合もある。保護者のリフレッシュ目的での利用も可能である。

　⑩病児保育事業は、以下の3類型があり、市町村が保育の必要を認めた乳幼児・小学生が利用可能である（内閣府、2015）。「病児対応型・病後児対応型」は、当面症状の急変は認められないが、病気の回復期に至っていない児童を病院・保育所等の専用スペースで保育する。「体調不良時対応型」は、保育中に体調不良となった児童を保育所内で一時的に預かる。「非施設型（訪問型）」は、一定の研修を修了した看護師等が保護者の自宅へ訪問し、一時的に保育する。

働く保護者にとって心強い制度にみえるが、普段から利用している保育所で病児保育を行っているケースはほとんどない。事前登録が必要なことに加え、体調不良の子どもを出勤前に普段利用しない病児保育施設に預けることは、実際には、子どもにとっても保護者にとってもかなり難しい。

３．誰もが地域の子育て支援制度を利用しやすくなる学習機会を

　近年の日本における子育て支援制度は、新たな事業が続々と追加され、全体把握が困難なほどである。2016年度には、仕事・子育て両立支援事業が創設され、企業主導型保育事業（認可保育所での開設が少ない、夜間や休日保育、短時間保育への対応も含む）や企業主導型ベビーシッター利用者支援事業（残業や夜勤等でベビーシッターを利用した際の費用補助）への費用の助成・補助も始まった。また、各自治体や民間の子育て支援も行われており、2000年代より前には、海外にしかなかった様々な子育て支援が、日本の幅広い地域で充実してきている。

　「こども未来戦略方針」（内閣官房こども未来戦略方針、2023）によれば、2023年度から出産育児一時金を引き上げ（42万円から50万円へ）、2024年度から児童手当の拡充（所得制限撤廃、高校卒業まで支給等）と「こども誰でも通園制度（仮称）」（月一定時間までの利用可能枠の中で、就労要件を問わずに時間単位等で利用できる新たな通園給付）等の開始が予定されている。

　それにも関わらず、依然として地域の子育て支援制度をほとんど活用せず、１人で子育てを行う保護者がいる。現代の保護者は、妊娠・出産の過程で、居住地域の子育て支援制度のパンフレット等を受け取り、情報提供を受ける。しかし、単に知識として「知っている」ことと「利用する」ことには、大きな隔たりがある。保育／子育て支援制度は、誰もが無料（または安価）で多様なサポートを受けることができる。多くの人が身近な地域のサポートを利用し、保育／子育て支援の量と質を高めていくことが、保護者の育児不安を軽くする

と考えられる。

　最後に、日本の保育制度や子育て支援制度を利用できるのは、母親以外に父親、祖父母、保護者のきょうだい、場合によっては保護者の友人も登録により利用できる。子育ての支援を行いたい地域ボランティアも、子育て支援制度を活用し、支援者として活動することができる。また、保護者も、ひとり親、祖父母、里親、同性同士の保護者等の多様なケースが考えられる。しかし、子育て当事者も当事者以外も、次々と新しくなる日本の保育制度や子育て支援制度の詳細を知る機会が少ない。

　牧野(2004)の指摘するように、保護者が社会とつながり学びの機会を持つことに加え、誰もが学校教育段階から、例えば家庭科の授業等を活用し、身近な幼児教育・保育施設や地域子育て支援センターを訪問し、子育て支援の内容を見聞きし、経験的に学習する機会が必要と考えられる。子育て当事者だけでなく、多くの人々が現代の多様な子育て支援を知ることが、特に母親に育児の負担が偏りやすい日本の育児問題を解決する糸口になるだろう。

引用・参考文献

厚生省、1998　厚生白書(平成10年版). https://www.mhlw.go.jp/toukei_hakusho/hakusho/kousei/1998/(最終閲覧 2023.07.31)

牧野カツコ、1982　乳幼児を持つ母親の生活と〈育児不安〉. 家庭教育研究所紀要3, 34-56.

牧野カツコ、2004　少子化家族の中の育児不安 子育てに不安を感じる親たちへ. ミネルヴァ書房.

牧野カツコ・内海裕美・汐見稔幸、2006　少子化時代子どもを伸ばす子育て、苦しめる子育て. ほんの木.

内閣府、2015　子ども・子育て支援新制度ハンドブック(施設・事業者向け)(平成27年7月改訂版). https://www8.cao.go.jp/shoushi/shinseido/faq/pdf/jigyousya/handbook.pdf(最終閲覧 2023.07.31)

内閣府子ども・子育て本部、2022　子ども・子育て支援新制度について. https://www8.cao.go.jp/shoushi/shinseido/outline/pdf/setsumei_p1.pdf(最終閲覧 2023.07.31)

内閣官房こども未来戦略方針、2023　こども未来戦略方針. https://www.cas.go.jp/jp/seisaku/kodomo_mirai/pdf/kakugikettei_20230613.pdf(最終閲覧 2023.07.31)

3章

幼児期に向けられる関心と家族

　近年、就学前の子どもに対して、幼児期の発達や保育の質といった従来の議論とは異なる様々な文脈から関心が向けられている。教育社会学や経済学における社会的地位達成研究において、家庭の社会経済的背景と子どもの学力形成との関係に注目が集まり、格差克服の手段の1つとして就学前の子どもに対する働きかけがあげられているからである。従来の保育に関する議論とこの新しい関心とを接合するために、論点を整理し、研究の深化に向けた課題を見出そう。

1. 幼児期への関心

　これまで、就学前の子どもの教育については保育学や幼児教育学者が中心になって研究を行っており、保育の質や幼稚園における学習カリキュラムは、小学校以上の学校教育とはまったく質の異なるものとして、独自の議論がなされてきた。このような状況が変わり、就学前の子どもと家族に対する政策的・教育的介入が積極的に計画されるようになったのは、子どもの貧困に関する注目の高まりと、就学前の幼児に対する政策的な介入の効果に着目した経済学の影響が大きい。

(1) 子どもの貧困

　日本において子どもの貧困に注目が集まるようになったのは2006年のOECD「対日経済審査報告書」をきっかけとする(阿部、2008)。2009年から政府が相対的貧困率と子どもの相対的貧困率を公表するようになり、社会における認知度がさらに高まった。貧困率に関する公的統計は1965年を最後になくなっていたため、貧困は2009年に政策目標として再発見されたといえる。この間、子育て家族が経験する諸困難は、「豊かさゆえのひずみ、規範からの逸脱、社会への不適応の結果(松本、2019、p.23)」であると説明されてきた。貧困が再発見された近年は、貧困をはじめとする子育て家族の経験する困難の背

景には、「勤労者全体に関わる格差の拡大と貧困化、子育て家族の貧困の顕在化(松本前掲、p.39)」があることが、多くの研究によって示されている。

　貧困指標としてよく用いられる相対的貧困率はOECDが開発した指標で、所得データを用いて算出される。等価可処分所得(定義は表3-1参照)の中央値の50％を貧困線とし、それを下回る等価可処分所得の世帯を相対的貧困と定義する。つまり、相対的貧困とは社会全体の標準から一定の距離以上離れている所得しか得られない状態のことをいう。厚生労働省が発表している貧困率や子どもの貧困率は、「国民生活基礎調査」のデータをもとに、この定義に基づいて算出されたものである。2021年の相対的貧困率は15.4％、子どもの貧困率は11.5％である[1](厚生労働省、2023)。

表3-1　用語の定義

〔収入と所得〕

収入	会社からもらっている給与や、アルバイト等で得た給与。店舗などの売上げ。
所得	収入から「必要経費」を引いて残った額。会社勤めの場合、「必要経費」に該当するものを「給与所得控除」という。

〔所得〕

総所得	当初所得 (市場所得)	雇用者所得、事業所得、農耕・畜産所得、家内労働所得、財産所得、仕送り、企業年金・個人年金等、その他の所得
	社会保障給付	公的年金・恩給、雇用保険、児童手当等、その他の社会保障給付金

〔支出〕

拠出金等	拠出金 (非消費支出)	税金	所得税、住民税、固定資産税・都市計画税、自動車税・軽自動車税・自動車重量税
		社会保険料	医療保険料、年金保険料、介護保険料、雇用保険料
	掛金		企業年金掛金
	その他		仕送り

〔可処分所得〕

可処分所得	所得から非消費支出(税金と社会保険料)を引いたもの
等価可処分所得	(総所得－拠出金－掛金－その他)÷√世帯人員数

厚生労働省「用語の説明」および東京都北区「「収入」と「所得」の違いは何ですか?」をもとに作成

1　可処分所得の算出に用いる拠出金に自動車税等及び企業年金を追加した新基準による。

(2) 幼少期における積極的介入の意義

　日本における就学前の子どもと家族に対する政策的・教育的介入に関する研究に大きな影響を与えたのは、経済学者のヘックマン（James J. Heckman）の主張である。彼は『Giving kids a fair chance』のなかで、恵まれない環境に生まれた者に対する公共政策による幼少期の介入が、不平等の改善や社会全体の経済発展にとって、他のどんな政策よりも効果的であると主張した（Heckman、2013）。人々が将来、人生で成功するかどうかは、遺伝子が決定するのではなく、幼少期の家庭環境による。そして、幼少期の家庭環境への介入によって、子どもが成功するために重要とされるスキルを向上させることができるというのである。

　ヘックマンが主張の根拠として用いたのはペリー就学前プロジェクト、アベセダリアンプロジェクトという2つの追跡的研究である（表3-2）。これらの

表3-2　幼児教育に関する追跡的研究

	ペリー就学前プロジェクト Perry Preschool Project	アベセダリアンプロジェクト Abecedarian Project
時期	1962-1967年	1972年開始
対象	ミシガン州 低所得のアフリカ系123人。ランダムに実験群と統制群に分けられた。 75％の参加者は2年間（3-4歳）、25％は1年間（4歳）。 低所得世帯。	ノースカロライナ州 1972年から1977年の間に生まれた111人（57人が対象、54人は統制群） 98％はアフリカ系。開始時の平均年齢は4.4か月。 111人の家族は母親の学歴や世帯所得などが低いハイリスク家族である。
実施内容	毎日午前中に2時間半、教室でアクティブラーニング（子どもたちが自分で問題を解決する）の授業を受けた。 週に1度、午後に90分、教師の家庭訪問による指導を受けた。	週に5日、6-8時間の保育。言語活動を強化するための、ゲームをベースとした教育的活動を行う。 統制群にも栄養補助食品、福祉サービス、ヘルスケアを提供して教育活動以外の差が出ないようにした。
継続時期	1年あたり30週間（8か月）	5歳になるまで
追跡調査	3-11歳の毎年、14, 15, 19, 27, 40歳	12, 15, 21, 30, 35歳

出典）The Perry Preschool Project、The Carolina Abecedarian Project、それぞれのwebサイトより作成

プロジェクトはいずれも、介入対象となった子どもに対して、良い結果をもたらしたことが明らかになっている。IQを高める効果は小さかったものの、対象となった集団の非認知能力、学力検査のスコア、学歴、収入、持ち家率は、プロジェクトの対象にならなかった集団に比べて、平均的に高かった。一方で、生活保護受給率や逮捕者率は低かった。

　これらの知見をもとに、ヘックマンは貧困に対処するためには所得の再分配（redistribution）ではなく、事前分配（predistribution）の効果が高いこと、成人に対する公的な職業訓練プログラムや囚人に対する社会復帰プログラム、思春期の介入等に比べて、幼少期の介入は公平で経済的効率性が高いことを主張した。そして、このようなプログラムを提供する場合に重要なのは、両親が援助に値するかどうかを評価することではなく、子どもを助けることだと述べた。

(3) 日本での意義

　ヘックマンの書籍は、就学前教育と非認知能力の重要性を知らしめたこと、追跡的研究によって教育の投資効果を示したことに意義がある。

　日本では95％以上の子どもが幼稚園や保育所に通っているので、就学前教育に対する投資効果という点で、アメリカのような高い効果は得られないのではないかという指摘もあるだろう。しかし、訳書で解説を書いた大竹は、2000年代に入って子どもの貧困率が高齢者の貧困率を上回るようになったことをあげ、これからの社会では幼稚園や保育所に子どもを通わせることができない家庭が増えたり、子どもに十分な家庭教育を与える余裕がない家庭が増えたりする恐れがあると述べている。日本でもアメリカと同じように、「教育を受ける機会が少ない経済的に恵まれない子供たちに対して、就学前から公的な教育支援を行うことの必要性が高まっている（大竹、2015、p.122）」といえる。

2．家族との結びつけられ方

　ヘックマンの著書は、日本では『幼児教育の経済学』というタイトルで紹介された。これにより、恵まれない世帯や子どもへの投資の重要性という主張とは別に、非認知能力の獲得が子どもの成功を規定する、したがって非認知能力の獲得が子育ての新たな課題であるというような言説が広まることになった。この言説をもっとも真剣に受け止めたのは「教育家族」であろう。

(1)「教育家族」の新たな目標
　「教育家族」とは、子どもを意図的・組織的な教育の対象とみなし、親こそが子どもの教育の責任者であるという観念を強く持った家族である（広田、1999）。広田によれば1910年代から30年代にかけて東京の都市部に登場し、1960年代には全国に広まったという。典型的な「教育家族」は都市部で暮らす新中間層[2]の核家族で、父親、母親、子どもという家族形態をとる。継ぐべき家業を持たない彼らは、学歴が子どもの将来にとって重要であることをよく自覚しており、目標とする家庭でのしつけや人間形成の理想を学校教育のそれにおき、学校と稽古事、塾などを戦略的に組み合わせて、子どもを「よりよく」育てようと試みる。このときの「よりよく」とは、親世代よりも「よりよく」、同時代のほかの子どもよりも「よりよく」「人並み以上に」教育することであり、そのことを親たち、とくに母親は、自らの責任として引き受けている（神代、2020）。

　神代は、ヘックマンが幼児教育への公共投資の重要性を主張したのに対し、日本では幼児教育への公的資金への注入ではなく、非認知能力（非認知スキル）の重要性に着目した幼児教育市場の活況として、その影響が現れたと述べている（神代前掲）。「非認知」という単語を用いて毎日新聞の記事を検索（『毎索』）すると、2014年までのヒット件数は0だったが、ヘックマンの訳書が出版され

2　サラリーマンや教師、警察官などの給与生活者の階層のこと。

表3-3　非認知能力を鍛える玩具紹介サイトにおける保護者への言及例

トイザらス 近ごろよく耳にするけど、どんな能力？教えて、大豆生田先生！「非認知能力」を育む遊び方【後編】	
文言例	「非認知能力」を育むためにママ＆パパは環境づくりや子どもへの接し方など、具体的にどんなことをすれば良いでしょうか。
	ママ＆パパは、その子が好きなことに徹底して取り組める環境をつくりましょう。

学研 アメリカから日本に初上陸！子どもの非認知能力を育む最新知育玩具	
文言例	ママ＆パパが注意しなければならないのは、子どものペースに合わせること。
	意図的にママやパパが働きかけることで「非認知能力」を伸ばすことができる
	親子でいっしょに遊ぶ経験を通して子どもたちは、何かに興味を持ったり、あるいはルールを覚えたり、新しいルールを作ったり……と、さまざまなことを学んでいきます。

ベネッセ 非認知能力を鍛える遊びを親子で楽しもう！環境づくりのコツもご紹介	
文言例	非認知能力を鍛えるためには、子どもが安心して自分の気持ちや考えを表現できるようにすることが大切です。そのための環境と、保護者の関わり方のコツをご紹介します。
	保護者のかたは、無理に何かをさせようとしたり、誘導したりしなくて大丈夫。
	保護者のかたが常にお子さまの味方であるということを伝えていきましょう。

出典）トイザらス　https://www.toysrus.co.jp/f/CSfLearning_0012.jsp
　　　学研　https://goods.gakken.jp/feature/ec_chiiku
　　　ベネッセ　https://benesse.jp/kosodate/202107/20210721-1.html

た2015年に3件、2017年5件、2018年10件、2019年7件、2020年2件、2021年8件、2022年5件、2023年5件（2023年7月末時点）と、「非認知」スキル／「非認知」能力の必要性や伸ばし方について語る記事が、ほぼ毎年ヒットした。

　非認知能力を育てる子育て方法をつづった書籍が数多く出版され、そのための幼児期学習教材やプログラムも続々と商品化されている。また、インターネット上には認知能力を育む玩具や遊び方、環境について紹介するサイトが数多くあり、その多くが家庭での家族の過ごし方や保護者の関与の仕方について言及をしている。「教育家族」の親は、溢れかえる情報や商品のなかから適切な情報や商品を見極め、より配慮の行き届いた家庭教育・子育てをわ

が子に準備するよう動機づけられている（神代前掲）。表3-3を見れば、非認知能力が、子どもを「よりよく」教育するために必要な新しい教育目標として設定されており、そのために親が家庭でどのようにふるまうべきかに関して細かい配慮が求められていることがわかる。非認知能力は「教育家族」の親にとって新たな教育目標になっている。

(2)「教育家族」に対する重圧

　新たな能力の重要性が発見されると、それが家庭内での日常的な生活のなかで形成されるという言説が起こり、家庭生活や親の役割の重要性が主張されることはこれまでにもあった。

　本田（2005）は、求められる人材像が1990年代後半に変化し、従来の基礎学力とは異なり、リーダーシップやコミュニケーションスキル、意欲、忍耐力などの「人間力」に力点を置くようになったと述べている。そして、これらの能力はペーパーテストで計測しづらい不定形の能力であり、その形成にあたっては学校教育よりも家庭の社会経済的背景の影響が大きいことを、様々な調査結果から明らかにした。加えて、どのようにしたらこの力が身につくかについての情報を扱うメディアが、朝食摂取や靴紐を自分で結ぶ、鉛筆を正しく持たせる、ゴミ出しを子どもにさせるといった生活のしつけを重視し、子どもの教育を意識した家庭生活をすることが重要だと口々に主張していることも言説分析によって明らかにした。子どもの「人間力」を養うには家庭での日常の生活や親のかかわり方が重要だとするこれらの言説が、「教育家族」の、特に母親に対して重圧をかけているという。

　非認知能力をめぐる言説にも同様の傾向を見出すことができる。表3-3をみれば、親の配慮の行き届いた環境のなかでの日常の家庭生活の重要性が主張されていることは明らかである。また、例えばYamaguchiほか（2018）は「21世紀出生児縦断調査」のデータを用いて、保育園で過ごすことが子どもの知能や情緒の発達にいかなる影響を及ぼすかを計量的に明らかにした。その知見は『「家族の幸せ」の経済学』という新書のなかで、「家族の幸せ」や母親の「幸福

度」と結びつけて紹介されている(山口、2019)。この新書では、子どもが保育所に通うことには子どもの発達面でも母親のストレス面でも大きなメリットがあるが、それは保育の質が高い場合であって、もし質が低下した場合はその限りではない(むしろ家族で面倒をみたほうがよい)という保育研究にとって重要な指摘がなされている。しかし、読者の注意をひきつけるのは、本文のこういった指摘ではなく、「保育園は、『家族の幸せ』に貢献している(山口前掲、p.213)」という小見出しであろう。家族の「幸せ」や「幸福」と率直に結び付けられた言説は、「よりよい」子育てをしようとする「教育家族」に対して抑圧的に作用する。

(3) 社会経済的背景への着目

　ヘックマンやそれに続く日本の経済学や教育社会学の研究が新たにもたらした視点は、子どもの発達と家庭教育を含む教育との関連、とくに子育てする家族の社会経済的背景への着目である。就学前の子どもをめぐっては、保育の場の確保や保育の質に関する議論は活発になされてきたが、幼児期の教育の質と発達とを結びつけ、さらにそれらを家族の社会経済的背景と関連付けて議論しようとする志向はほとんどみられなかった[3]。

　子どもの発達と家族の社会経済的背景への着目は2000年代に、主に教育社会学の領域で、小中学生・高校生の学力と保護者の経済力の関連に注目した研究としてなされるようになった。JELS(青少年期から成人期への移行についての追跡的研究:Japan Education Longitudinal Study)をはじめとして、大規模な追跡的調査が実施され、それらによって保護者の経済力と子どもの学校外教育費支出とに一定の関連があること、学校外教育費支出の違いが結果として子どもの学力の格差(学力テストによって把握される通過率や得点の差)に結びつくことなどが明らかにされた。

3　保護者の社会経済的背景に着目した研究としては、支援を必要としている家族(たとえば貧困世帯、ひとり親世帯、外国にルーツのある保護者の世帯など)が保育所を利用できているのかといった、福祉施設としての保育所へのアクセシビリティに着目した研究がなされている。

これらの研究の関心は社会的地位達成がいかに公平に行われているかの検証にある。業績主義的に獲得されると考えられてきた学力が、家族によって投入される資源の量に左右されており、その投入される資源の量は親／保護者の経済力によって決まるという知見は、今ある家族間の格差と、その格差を再生産する構造の存在を示したものと読むことができる。

3. 格差克服のための就学前教育に向けた論点

　本章の目的は、従来の保育に関する議論に、格差克服の1つの手段として就学前の子どもへの働きかけという新しい関心を読み込んでいくための論点整理と課題を見出すことであった。以下では論点と課題を明らかにしよう。

(1) 格差をめぐる論点

　学力と親／保護者の経済力との結びつきを示した研究結果は、教育を隠れ蓑にした格差構造の再生産メカニズムをいかにして弱めるかという本来の問題提起とは別に、子どもの教育に十分な投資ができない家族を責める言説として機能する副作用を持っている。

　松本(2019)は、日本社会において「子どもを持つこと、育てること」は、計画的に準備され選択されるべき選択行為として捉えられていると述べる。教育費を含めた子育てにかかる費用はあらかじめ想定できるので、いっさいの支援を受けずにその費用を負担できる見通しが立つまで、子どもを持つという決定をすべきではないという考え方が、ある程度広まっているというのである。さらに、松本は子育てというのは家族の資源を編成、使用する過程であるため、問題が起きたときに資源を編成、使用する個人の能力のなさが問題であるようにみえがちであるとも指摘している[4](松本前掲)。

4　松本が例にあげているのは次のような場合である。「近隣の保育所という『構造的資源』を利用するためには、保育所利用に関する『情報』、利用申請や送り迎えのための『時間』、地域住民である

つまり、就学前教育の重要性が新たに発見されたことは、「教育家族」に対してさらなる圧をかける言説を増やし、子どもの教育により多くの投資をしようとする家族をも増やすことにつながる。その一方で、そうすることができない家族の苦境は、子どもを持つべきではなかった家族、あるいは資源管理能力の不足した保護者の自己責任とみなされるということになる。子どもの教育に投資する「教育家族」と、その余裕のない家族との間の差異は教育／発達／能力によって正当化され、結果として格差構造の再生産もそれぞれの家族の自己責任、選択の結果としてみなされるのである。保護者のいかんによらない就学前教育の重要性を訴えたヘックマンの主張とはかけ離れた事態が日本では生じているといえよう。

(2) 能力や発達をめぐる論点

　経済学や教育社会学の研究が能力として着目しているのは「学校でうまくやる力」＝学力、あるいは「大人になったときに、きちんと働いて納税をすることができる力」である。本田(2005)は経済界において求められる人材像(能力)と学校教育の目標がほぼ同型であることを示している。つまり小学校より上の教育段階を対象とした議論では、子どもの能力や発達の方向性が、経済に貢献する人材、よく働いて納税をする人材へと方向付けられているのである[5]。

　一方、幼児の教育に関する研究はもっと多面的な子どもの発達に目を向け、教育の対象としてきたところに特徴がある。幼児教育の立場からすれば、経済学や教育社会学の小学校以降の教育に関する研究は、子どもの発達のごく一部しかみていない、あるいは多様な発達の可能性を捨象し、特定の見方を

という『アイデンティティ』を資源として利用している。保育料と他の支出との調整、所得を得るための就労とケアの時間配分、他子がいる場合、介護が必要な家族がいる場合、自身が病気がちの場合等々、生活と子育ての過程で私たちは、実はかなり複雑な資源の調整、編成作業を行っている。留意すべきは、構造資源の多寡が編成や使用の『むずかしさ』と深く関わるということである。『やりくり』が下手でも、十分な所得があれば問題にはならない。貧困な家族であるほど高度な『やりくり』が求められ、逆に『やりくりの下手さ』が貧困の原因であるように見えてしまう。(松本前掲：45)」

5　近年の高校魅力化教育の実践(たとえば樋田・樋田、2018)のように、新しい人材像(能力)の模索が始まっているが、いまだ従来の能力観に対して有効なものとはなりえていない。

押し付けるものだという非難をまぬかれないだろう。

　また、非認知能力の重要性を主張する言説に対しては発達心理学者からもその単純すぎる捉え方の問題性を指摘する声があがっている。森口(2021)は、非認知能力をつけると将来、有利であるというような言説が膾炙（かいしゃ）していることについて、ある特定のモノサシのもとでみたときに「有利」なのであって、一概に有利不利をいうことはできないと述べる。

　森口(前掲)は次のように説明している。非認知能力に関するテストとしてよく知られているものにマシュマロテストがある。子どもの目の前にマシュマロが1つ置かれ、実験者は「今食べてもいいが、15分待ったらマシュマロを2つあげる」と子どもに告げ、部屋を出ていくというものである。子どもの忍耐力(自己抑制力)を測る実験として知られている。このマシュマロテストについては、その後、発達心理学の領域でより精度を高めた研究が行われており、なにをマシュマロテストが測っているのかが、より丁寧に検討されている。それによると、マシュマロテストが測っているのは、実験を行う大人への信頼度である。目の前の大人を信頼するかどうかは、ふだんの生活のなかでの子どもと大人の関係に依存しており、社会経済的に恵まれた家庭の子どもほど、大人を信頼している。信頼できない大人に囲まれた子どもの場合、目の前のマシュマロを食べるほうが確実にマシュマロを食べられる可能性が高いと考えると、この選択を一概に「不利」だと評価することはできない。

　子どもがマシュマロを食べずに我慢する力があることが将来の成功を規定するという単純な話の仕方ではなく、子どもの発達にとって、我慢する力を持たない／持てないことが、その子どものどんな生活環境と結びついているのかを理解することが必要であり、そういった子どもの多様性に寄り添うことを、従来の保育学は教育実践として丁寧に行ってきたはずである。ある特定の能力の獲得を「有利」だというとき、そこにはどんな生育環境・家庭環境が暗黙の前提とされているのかに目を向けた丁寧な議論が必要である。

(3) 課題

　経済学や教育社会学が導入した社会経済的背景を把握する指標の有効性
や、そういった視点を取り入れて就学前教育のよりよいあり方を議論するこ
と自体には意味がある。そういった指標や視点を取り入れることで、これま
で保育者個人が経験的に把握してきた事柄を、データに基づいて明らかにす
ることができるからである。しかし、それは、小学校より上の教育のあり方
や能力評価のあり方を疑わないこと、望ましい人材像を経済活動に貢献する
人材やよりよい納税者だけに置くことを意味するわけではない。むしろそれ
らを相対化し、これまでの幼児教育に関する研究が行ってきた、それらとは
違う能力や発達のあり方を取り上げ、評価する仕組みを考案し、互いの研究
を架橋していくことが課題である。

　なお、子どもを持つことや育てることを個人の選択行為とみなし、その結
果について親は自己責任として引き受けなければならないというような言説
は、日本社会における「子ども」や「子ども期」という社会的区分の特徴と、子
育ての場としての家族を取り巻く状況によって維持されていると松本(前掲)
は主張している。子育ての場としての家族を取り巻く日本社会の課題につい
ては続く4章で考察することにする。

引用・参考文献

阿部彩、2008　子どもの貧困—日本の不公平を考える. 岩波新書.
ベネッセ教育情報、非認知能力を鍛える遊びを親子で楽しもう！環境づくりのコツも
　ご紹介https://benesse.jp/kosodate/202107/20210721-1.html（最終閲覧 2023.08.05）
Gakken Goods Gallery、アメリカから日本に初上陸！子どもの非認知能力を育む最
　新知育玩具　https://goods.gakken.jp/feature/ec_chiiku（最終閲覧 2023.08.05）
浜野隆、2021　第2章　大都市において経済的不利を克服している家庭の特徴. 耳
　塚寛明・浜野隆・冨士原紀絵（編著）学力格差への処方箋—〔分析〕全国学力・学習状
　況調査勁草書房. 38-47.
Heckman J. J、2013　*GIVING KIDS A FAIR CHANCE: A Strategy That Works,*
　Massachusetts Institute of Technology. 大竹文雄解説・古草秀子（訳）2015　幼児
　教育の経済学東洋経済新報社.
樋田大二郎・樋田有一郎、2018　人口減少社会と高校魅力化プロジェクト—地域人

材育成の教育社会学．明石書店．

広田照幸、1999　日本人のしつけは衰退したか—教育する家族のゆくえ．講談社現代新書．

本田由紀、2005　多元化する能力と日本社会—ハイパー・メリトクラシー化のなかで．NTT出版．

神代健彦、2020　生存競争教育への反抗．集英社新書．

厚生労働省、2023　令和4（2022）年国民生活基礎調査の概況https://www.mhlw.go.jp/toukei/saikin/hw/k-tyosa/k-tyosa22/index.html（最終閲覧 2023.09.20）

厚生労働省用語の説明　https://www.mhlw.go.jp/toukei/saikin/hw/k-tyosa/k-tyosa22/dl/07.pdf（最終閲覧 2023.8.5）

松本伊智朗、2019　序章 なぜどのように子どもの貧困を問題にするのか．松本伊智朗・湯澤直美（編著）生まれ育つ基盤—子どもの貧困と家族・社会．明石書店.19-62.

森口佑介、2021　子どもの発達格差—将来を左右する要因は何か．PHP新書．

大竹文雄、2015　解説　就学前教育の重要性と日本における本書の意義．大竹文雄（解説）古草秀子（訳）幼児教育の経済学東洋経済新報社．109-124.

The Perry Preschool Project　https://highscope.org/perry-preschool-project/（最終閲覧 2023.5.4）

The Carolina Abecedarian Project　https://abc.fpg.unc.edu　（最終閲覧 2023.05.04）

垂見裕子、2021　第5章　社会関係資本と学力格差—社会関係資本の関係性（つながり）と規範に着目して．耳塚寛明・浜野隆・冨士原紀絵（編著）学力格差への処方箋—〔分析〕全国学力・学習状況調査勁草書房．77-91.

トイザらすわくわくしながらぐんぐんまなぼう！知育玩具　https://www.toysrus.co.jp/f/CSfLearning_0012.jsp（最終閲覧 2023.08.05）

東京都北区収入と所得の違いは何ですか？　https://www.city.kita.tokyo.jp/zeimu/kurashi/zekin/shotoku.html（最終閲覧 2023.08.05）

Yamaguchi S., Y. Asai, R. Kambayashi、2018　How Does Early Childcare Enrollment Affect Children, Parents, and Their Interactions? *Labour Economics*, 55, 56-71.

山口慎太郎、2019　家族の幸せの経済学—データ分析でわかった結婚出産子育ての真実．光文社新書．

4章

子育て家族を支える社会

　子育てをめぐる支援は、過去に比べれば格段に手厚くなった(1・2章)。少子化の影響もあり、保育所の待機児童数も大きく減少した。では、日本社会は子育て家族にとってやさしい社会なのだろうか。本章では、子育て家族に対する社会の「やさしさ」を、子育てにまつわる制度と規範の両面からみていく。

1. 先行研究は子育てする家族をどうみてきたか

　子どものいる家族の実態は、先行研究によって詳細に分析されている。子育てに関する費用は、世帯年収にかかわらず、ある一定水準以上が社会的に要請されるという意味で、所得弾力性の低い項目(所得が減っても需要量が減らない財)であり、節約することがほぼできない。その意味で子育てをしている家族は経済的に貧困に陥るリスクが高い。さらに、生活時間についても厳しい状況にあることが先行研究によって明らかにされている。

(1) 生活時間

　大石(2019)は、「社会生活基本調査」(総務省)を使って、働く母親の生活時間配分の分析を行った。6歳未満の児童がいる二親世帯の母親に注目すると1996年から2016年までの20年間の間で、週当たりの仕事時間は77分から142分、育児時間(乳幼児の世話、子どものつきそい、子どもの勉強の相手、子どもの遊びの相手、乳幼児の送迎、保護者会に出席などをさす。身の回りの世話は家事に分類される。)は163分から225分と、両方が増加していることが明らかになった。

　仕事時間の増加の背景にあるのは、育児休業制度と保育サービスの拡充である。2005年ごろから30-40代女性、特に就学前児童のいる母親の就業率が顕著に上昇しており、そのうちかなりの部分が正規雇用者の増加によってもたらされている。かつて女性の年齢階級別の就業率は30代にへこみのあるM字型カーブを描いていたが、育児休業制度が充実し、育休中の所得補償が拡充

されるなかで、カーブはほぼ消失している。合わせて保育サービスの定員拡大と少子化の進行もこの変化を後押ししている(大石前掲)。

　育児時間が増加したのは、洗濯や掃除などの集約化(まとめて行うこと)が可能な家事とは異なり、子どものケアは日々行う必要があり、削減できない性質を持っているからである。また、家事とは異なり、子どものケアは子ども自身に対する人的資本投資[1]としての側面も持っている。子どものケアは子どもの心身発達を促し、子ども自身の資質能力の向上をもたらすことから、親はほかの家事時間や自らの余暇時間を削ってでも、子どものケアに時間を費やそうとする傾向がある(大石前掲)。特に未就学の子どもの場合、子ども自身ができることがまだ少ないことから、子育てをする家族は子どものケアに多くの時間を割かざるを得ない。

　以上のような理由により、仕事にも子育てにも励む子育て家族は、仕事と育児の両方に時間を取られ、時間に余裕のない毎日を過ごしている。

(2) 子育てという感情労働

　このように子育て中の家族が日々の時間をやりくりしながら慌ただしく過ごしている様子について、社会学者のホックシールドは、共働きで子育てをするアメリカの家族を事例にした研究を通して、帰宅してからの家事や育児が、あたかも2つ目の勤務(the second shift)であるかのように、働く母親の負担になっていることを指摘した(ホックシールド訳書、1990)。先に述べたように、子どものケアは削減できない労働である。1980年代のアメリカでは、それが主に母親の負担となって母親を消耗させていたのである。

　その後、ホックシールドは、社員の仕事と家庭の両立支援が、アメリカでもっとも充実している会社をフィールドに調査を行い、長時間化する労働時間と家事・育児時間のなかで、親は家庭での家事や子どものケアを、まさに職場で行っているのと同じように、より効率的に済ませようとするようにな

1　子どもの知識や技能を生産性の向上や新たな価値をうみだす資本とみなし、それに対して投資をすること

っている様子を描き出している(ホックシールド訳書、2022)。そして、そのことに対する子どもの不機嫌さや、十分に子どもと過ごす時間を取れなくて申し訳なく思う自分の気持ちに対応するという感情労働[2]が、あたかも3つ目の勤務のように、親にのしかかっていることを指摘した。より短時間で食事をつくるために子どもにテレビを見せておく、子どもに向き合う時間が十分に取れない罪悪感から解放されるためにモノをたくさん買い与えるといった行動に、その感情労働の様相をみることができる。ここでは、父親と母親の違いはもはや問題とされていない。

2. 日本の制度は子育て家族をどう支えているか

　日本では子育て家族をどのように支えているのか、子育て罰という概念に着目してみていこう。

(1) 就業や育児が罰される?

　子育て罰child penaltyとは、「子育てしながら働く母親と子どもを持たない非母親との間に生じる賃金格差を示す経済学・社会学の概念(末冨・桜井、2021、p.62)」である。child penaltyの直訳である子ども罰ではなく、子育て罰と呼ぶことについて、末冨・桜井は日本には「子育てをすること自体が貧困につながるような不利な社会構造がある(末冨・桜井前掲、p.65)」とし、子育てという状態を強調することで、日本の制度や価値観といった事柄の、加害者としての責任を可視化できる、と理由を述べている。

　日本の子育て罰の状況について、大沢は生活保障システムという観点から

2　感情労働とは、仕事の要件として、感情や感情の表出をコントロールすることが求められる労働のことをいう(ホックシールド訳書、2000)。教育や育児、医療、ソーシャルワーク、接客などが感情労働と必要とする仕事として考えられている。過去に比べると、様々な職業分野の労働者が感情管理を求められるようになっている。

みたとき、「子どもを生み育て、世帯として目いっぱい就業することが、税・社会保障制度によっていわば罰を受けている（大沢、2015、p.33）」状態にあると指摘する。その根拠になっているのは、政府の所得再分配による貧困削減率である。

　雇用者所得、事業者所得、雑収入、企業年金給付等の合計を市場所得（当初所得）、市場所得に社会保障の現金給付を加えて、直接税と社会保険料負担を引いたものを可処分所得という（定義は3章表3-1参照）。可処分所得は政府による所得の再分配後の所得（間接税を除く）である。市場所得と可処分所得のそれぞれで相対的貧困率を算出し、市場所得から可処分所得への貧困率の変化幅を市場所得の貧困率で割った数値が、大沢（前掲）の着目した貧困削減率である。市場所得から可処分所得への貧困率の変化は、所得の再分配が貧困を削減した程度を表している。

　就業者がいる世帯の貧困削減率に着目すると、日本社会は、共働き世帯（成人の全員が就業している世帯）と就業するひとり親世帯、そして就業する単身者では、所得の再分配による貧困削減率がマイナスになるという特徴がある（大沢による2005年のOECDデータ分析に基づく）。その一方で、失業者や無業の高齢者、男性稼ぎ主世帯（カップルの1人のみが就業する世帯）では所得再分配による貧困削減率がプラスになる。就業者に対しては所得再分配が貧困率を高め、失業や高齢による無業の場合に低めるということは、日本社会が所得の再分配を通して、就業することに罰を与えているのと同義である。また、この罰をまぬかれる就業世帯は、唯一、男性稼ぎ主世帯であることから、大沢は「税・社会保障制度が総体として、子どもを生み育てることや、女性が就業することに対して、誘因を与えるのとは正反対に、罰を与えているに等しい事態である（大沢、2018、p.24）」と述べている。

　子どものいる世帯についても、阿部（2014）は1985年から2009年までのデータをもとに貧困削減率がマイナスであると指摘しており、これを合わせて考えると、日本の税・社会保障制度には、所得再分配によって子育てをしながら就業すること自体が貧困につながるような仕組み＝子育て罰があること、

子育て罰とジェンダーが密接に関わっていることがわかる。

(2) 所得制限という罰

　表4-1に示したのは、学校段階別の教育機関の設置主体の国公立と私立の割合である。小学校と中学校、義務教育学校、高等学校までは学費の安い国公立の割合が高い。しかし、それ以降の学校段階に進学しようと思った場合、その大部分が私立学校によって担われていることがわかる。また、公立学校の割合が高い高校教育まででも、塾や習い事などの学校外教育支出は家計が負担している。このような教育システムのもと、保護者が子どもに高学歴を与えようと思った場合、①義務教育終了後の私立学校の家計負担に耐えるだけの経済力か、②比較的家計負担の軽い国公立学校に進学したり、奨学金をとったりできるような学力を身につけるための学校外教育投資ができる経済力のいずれかが必要になる(阿部、2008)。

表4-1　教育機関の設置主体　　　(%)

	国公立	私立
幼稚園(9111)	32.5	67.5
幼保連携型認定こども園(6657)	13.7	86.3
小学校(19161)	98.7	1.3
中学校(10012)	92.2	7.8
義務教育学校(178)	99.4	0.6
高等学校(全日制・定時制)(4824)	72.6	27.4
中等教育学校(57)	68.4	31.6
各種学校(1046)	0.5	99.5
専修学校(3051)	6.3	93.7
高等専門学校(57)	94.7	5.3
短期大学(585)	6.2	93.8
大学(807)	23.2	76.8

出典)文部科学省『令和4年度学校基本調査』

しかし、他の先進諸国に比べ、日本は学校教育や子ども、家族に対して、政府が十分に支出をしていないという課題を抱えている。さらに、ただでさえ不十分な子育てをする家族への政府の支出について、末冨・桜井（2021）は次の２点を問題として指摘している。第１に、子どもへの支援という目的でなされる政策なのに、子どもが生まれた年によってその内容に差があるという事実である。児童手当制度の支給額や基準、所得制限の有無が、政権によって頻繁に変更されることで、生まれた年によって支援の対象から外れてしまう。また、制度や基準等が頻繁に更新されるせいで、支援を受けられる可能性や内容の見通しを立てられないことは、今子育てをする家族や、これから子育てをしようとする家族に不安を与えている。

　第２に、すべての子どもを対象にするのではなく、親の数（ひとりかふたりか）や親の所得などの親の属性によって、支援に制限を設けているという事実である。相対的に高所得の親を持つ子どもは、ほとんどの場合、支援を受けることができず、政策から排除されている。ここで相対的といっているのは、金融資産が１億円以上である「富裕層」や自己資産１億円以上を有する「資産家」とは異なり、世帯年収が910万円以上、1,000万円以上といった層を指すからである。この年収の世帯は年金や社会保険料の負担が大きく、必ずしも楽な生活をしている世帯ばかりとはいえない。むしろ、「稼げば稼ぐほど支援から切り捨てられていく（末冨・桜井前掲、p.56）」状況にあるといえる。末冨・桜井（前掲）はこういった制度は子どもを差別・分断するとし、子どもの人権という観点から所得制限のない保障が必要だと主張している。

(3) 人々は子育てをどう感じているか

　ここまでみてきた現在の子育て家族の様子をまとめると次のようである。中等教育修了後、大学等への進学率は現在、８割を超えている。進学率の上昇は子どもが教育を受ける期間が長くなることを意味するが、その経費の大部分は家計負担に依存している。また近年の物価上昇も家計を圧迫する。そこで家族は家族内で就業する成人を増やすこと、つまり共働きをすることで、

それに対応しようとする。家族のなかで家事や育児を専業で担当する人がいなくなった家族は、家事・育児を分担し、かつそれらの効率化を図ることで、なんとか仕事と両立させようと試みる。その結果、子育てをする家族の親は仕事という1つ目の勤務が終わったあと、家事・育児という2つ目の仕事にとりくみ、かつ、そのことで生まれる感情労働という3つ目の仕事にも対応しなければならない。その一方で、税・社会保障制度や子育て支援制度は貧弱で、就業者が増え、所得が増えた家族を罰するかのような逆機能を示している。

　このような状況を反映してか、今日の日本社会において子どもを持ちたい、子育てをしたいと思う人が減っていることを多くの調査が示している。2015年12月に国立青少年教育振興機構が全国の20代、30代の男女4,000人を対象に実施したweb調査を見てみよう。調査時点で子どもがいない人に「あなたはお子さんが欲しいですか」と尋ねたところ、「子どもは欲しくない」という回答が24.8％とおよそ4分の1を占めており、特に年収が100万円未満の場合、その割合は30.0％にも上昇した(国立青少年教育振興機構、2017)。また2022年の12月に紀尾井町戦略研究所が18歳以上の男女2,400人に対して行ったweb調査では、未婚・既婚を問わず現在子どもがいない人たちに対して、「あなたは今後、子どもを持とうと思いますか」と尋ねている。その結果、「子どもを持とうとは思わない」「持ちたいと思うが現実としては無理だと思う」という者は合わせて38.0％にも上った(紀尾井町戦略研究所、2023)。

　2022年の調査では、子どもを持つことをためらう理由についても尋ねている。18歳から45歳では「塾などの教育費その他でお金がかかり、経済的に不安があるから」(39.7％)、「いまの社会に不安があるので、子どもに同じような不安を感じさせることは気の毒だと思うから」(33.6％)、「子どもを育てる責任は重すぎるから」(25.0％)などが理由としてあげられた(紀尾井町戦略研究所前掲)。子育てにお金がかかるという指摘は他の調査でもなされている。2015年の『第15回出生動向基本調査』では、夫婦の予定子ども数が理想の子ども数を下回る理由として「子育てや教育にお金がかかりすぎるから」(56.3％)がもっとも高い

割合を示した(国立社会保障・人口問題研究所、2017)。これらの調査から日本では経済力を筆頭に、家族に子育ての責任が重くのしかかっていると、多くの人が感じているということがみえてくる。

　先述の2022年の調査では、「若い世代が安心して結婚し子育てができるようにするためには、あなたは何が必要だと思いますか」と尋ねているが、その結果、「安定して賃金を得られるための支援」がもっとも多く73.4％、次いで「結婚や子育て支援のための給付」67.8％となっていた(紀尾井町戦略研究所前掲)。子どもが生まれてから子育てを支援することに加え、若い世代がまっとうな条件で働けること、それを通して安定した経済力を持てること、さらに子育てに関する給付金受給を含めて将来の見通しを持てることが、子どもを持つことへのハードルを下げるといえよう。

3. 家族主義からの脱却を目指して

　本章の冒頭で、子育てをめぐる支援は、過去に比べれば格段に手厚くなり、保育所の待機児童数も大きく減少した日本社会は、子育て家族にとってやさしい社会なのかという問いをたてた。本章での結論は、残念ながら決してやさしいとはいえないというものである。その背後には、根強い家族主義があるということを示し、そこからの脱却を課題として述べたい。

(1) 家族主義

　1990年代、家族や女性に集約されてきた子育ての負担や責任を、社会全体で分担する「子育ての社会化」が目指された(藤間、2017)。1994年のエンゼルプラン、1999年新エンゼルプランによる保育所や子育て支援センターの拡大にはじまり、経済界におけるワークライフ・バランス政策へと広がり、2015年の子ども・子育て支援新制度へとつながる一連の流れがこれに該当する。子ども・子育て支援新制度は子ども・子育て関連3法にもとづく制度のことをい

い、「保護者が子育てについての第一義的責任を有するという認識のもと、幼児期の学校教育・保育、地域の子ども・子育て支援を総合的に推進する(藤間前掲、p.45)」ことが目的とされた。

　子育ての負担や責任を、社会全体で分担することが目指した当初の意図とは異なり、「子育ての負担を担う一次的責任は家族にあり、社会は足りない部分を補うという構図(藤間前掲、p.48)」が維持されたままになったということになる[3]。このような、子育ての責任を社会全体で分担するのではなく、家族に負わせようとする志向を、ここでは家族主義と呼ぶ。

　3章で、日本社会においては「子どもを持つこと、育てること」が、計画的に準備され選択されるべき選択行為として捉えられており、特に教育費を含めた子育てにかかる費用は、いっさいの支援を受けずにその費用を負担できる見通しが立つまで、子どもを持つという決定をすべきではないという考え方があると述べた。この考え方はまさに家族主義の現れである。社会経済的に厳しい状態にあり、子どもの教育に充分な費用を充てられない場合、日本の教育への公的支出が他の先進諸国に比べると最低レベルであるという政策の欠点としてではなく、十分に子どもの教育に投資できる見通しもないのに子どもを持った保護者の自己責任とみなされるというケースがこれに該当する。また、専業主婦だった女性が離婚後にひとり親になって経済的に困窮した場合、社会福祉制度や労働環境、雇用慣行の欠点としてではなく、経済的な見通しもないのに子どものことも考えず離婚をしたせいだと女性が責められるケースもこれに該当する。

　さらに、貧困について考えるときに、所得再分配の強化や選別的・競争的労働市場や教育システムの改革といった現在の政策展開や社会のあり方そのものを根本的に問い直すのではなく、それらを射程外として、親／保護者の

3　子どもの教育の責任が第一義的には家族にあるということは、2006年の教育基本法改正によって定められた。改正によって新たにつくられた第十条「家庭教育」で、「父母その他の保護者は、子の教育について第一義的責任を有するものであって、生活のために必要な習慣を身に付けさせるとともに、自立心を育成し、心身の調和のとれた発達を図るよう努めるものとする」と明記されたのである。

就労努力を促したり、家庭の教育力の強化を目指したりするような場合もこれに該当する。このように、社会のあり方をそのままに、責任を家族だけに負わせようとすることも家族主義の現れである。

(2) 家族主義から逃れた子育て支援へ

本章でみてきたのは、子育てする家族に対する政策的支援の薄さ、就業や子育てを罰するかのような所得再分配の仕組み、子育ての責任を家族に負わせ、家族の努力や教育に問題解決を求めようとする社会のあり方が、子育てする家族を追い詰めるだけでなく、子どもを持とうという気持ちを人々から奪っているという事実である。その背後には、子育ての営為や責任を家族内にとどめようとする家族主義がある。

本来、家族のあり方は多様で、家族内の成人の働き方や年齢、住んでいる地域などによって、利用できる資源の量や質は異なっている。様々に異なる資源をなんとか「やりくり」して生活と子育てをしている家族の努力のあり方を、外側から規制し、影響を与えるものとして存在している社会保障やジェンダー規範といった社会の仕組みに目を向けることが必要である。同時に、子育て家族に対する支援が、家族による子育てのあり方の自律性を担保しつつ、子育ての取り組みや責任を家族の内側だけにとどめるように作用していないか、意識することも必要である。

引用・参考文献

阿部彩、2008　子どもの貧困―日本の不公平を考える. 岩波書店.

阿部彩、2014　子どもの貧困II―解決策を考える. 岩波書店.

Hockschild A. R.、1983 *THE Managed Heart: Commercialization of Human Feeling.* Berkeley: University of California Press. 石川准・室伏亜希（訳）、2000 管理される心―感情が商品になるとき. 世界思想社.

Hockschild A. R.、1997 *THE TIME BIND: When Work Becomes Home and Home Becomes Work.* 坂口緑・中野聡子・両角道代（訳）、2022　タイムバインド―不機嫌な家庭居心地がよい職場. 筑摩書房.

Hockschild A. R. with A. Machung、1989 *THE SECOND SHIFT: Working*

Parents and the Revolution at Home. Penguin Books. 田中和子(訳) 1990 セカンド・シフト―アメリカ 共働き革命のいま. 朝日新聞社.

紀尾井町戦略研究所 2023 子どもを持たない理由経済的不安トップhttps://ksi-corp.jp/topics/survey/web-research-47.html(最終閲覧 2023.03.28)

国立青少年教育振興機構 2017 若者の結婚観・子育て観等に関する調査報告書 https://www.niye.go.jp/kenkyu_houkoku/contents/detail/i/111/(最終閲覧 2023.03.28)

国立社会保障・人口問題研究所 2017 調査研究報報告資料第35号現代日本の結婚と出産―第15回出生動向基本調査(独身者調査ならびに夫婦調査)報告書―文部科学省令和4年度学校基本調査.

大石亜希子、2019 子どもをケアする時間の格差. 松本伊智朗・湯澤直美(編著)生まれ育つ基盤―子どもの貧困と家族・社会. 明石書店. 131-149.

大沢真理 2015 日本の社会政策は就業や育児を罰している. 家族社会学研究, 27(1), 24-35.

大沢真理、2018 税・社会保障制度におけるジェンダー・バイアス. 学術の動向, 23(5), 22-26.

末冨芳・桜井啓太、2021 子育て罰―親子に冷たい日本を変えるには. 光文社.

藤間公太、2017 家族研究からみた子育て支援の課題.教育科学研究会編集教育. 853. 44-51

II部

データからみる
共働き時代の子育てと保育
－関東地方（東京圏 1 市・首都圏 1 市）の
保育所・認定こども園調査から－

調査の概要とデータの特徴

　Ⅱ部は我々の研究グループが関東地方(東京圏・首都圏)で行ってきた質問紙調査のデータを分析したものである。質問紙調査はこれまでに3回行われた。分析では、Wave 1とWave 2のデータが用いられている。

Wave 0：東京圏A市パイロットサーベイ
調査時期：2018年7月
調査方法：保育所を通じて配布。留置式。
調査対象：私立保育所2園
有効回収率：56.0％(配布数200、有効回収数112)

　Wave 0では、調査対象の子どもの年齢を限定しなかったため、回答内容に偏りや欠損が生じた。そこで、調査対象や質問項目についての検討および修正を行い、2019年に東京圏A市調査を実施した(Wave 1)。A市独自の調査によれば、A市で幼稚園や保育所などを利用している就学前の子どもの割合はおよそ6割、そのうち約4割が保育所を利用していた。調査にあたって、A市内保育所に在園する3歳以上児の25％に該当するように対象人数を調整した。

Wave 1：東京圏A市調査
調査時期：2019年11月
調査方法：保育所を通じて配布。留置式。
調査対象：東京圏A市に所在する公立24園・私立30園の保育所(認可保育所54園)
　　　　　の年少・年中・年長クラスに子どもを通わせる保護者。
有効回収率：54.7％(配布数3345、回収数1843、有効回収数1830)

　Wave 1の回答者の93.2％が「母親」であった。さらに、回答者の68.3％は公

立保育所、31.7％が私立保育所の利用者であった。調査は幼児教育・保育の無償化開始1か月後、COVID-19の拡大前に実施された。Wave 1データの解釈にあたっては、これらのことに留意する必要がある。

　A市調査は調査対象者が保育所の利用層に限られているという限界を抱えていた。多様な家族像や共働き家庭を前提とした幼児教育や家庭生活について考察するために、地域社会の育児期の家族と幼児を、できるだけ多くとらえた調査が必要である。そこで我々研究グループは、新たに首都圏B市を対象とした調査を実施することにした（Wave 2）。

Wave 2：首都圏B市調査
調査時期：2021年6月
調査方法：保育所・認定こども園を通じて配布。留置式。
調査対象：首都圏 B 市に所在する公立10園・私立22園の保育所・認定こども園
　　　　　の年少・年中・年長クラスに通う子どもの保護者。
有効回収率：74.5％（配布数3095、有効回収数2306）

　Wave 2はB市内保育所・認定こども園に在園する3歳以上児を対象に実施した調査である。B市は、東京圏に含まれない首都圏の中都市である。

　B市は市内のすべての幼稚園が認定こども園に移行したため、市に所在する許可保育施設は、保育所と認定こども園のみである。保育所（公立9、私立6、対象児計762）、認定こども園（公立1、私立17、対象児計2320）、小規模保育施設（私立4）のうち、0-2歳児しかいない園および市の幼稚園連合会に加盟しない園と小規模保育施設を除く全園を対象とした。対象年齢の在籍児童のうち、保育所は100％、認定こども園は94.7％を調査対象としたことになる。

　なお、B市にはこれ以外の保育施設として、企業の従業員のみが利用できるものも含めた認可外保育施設が複数あるため、B市における3歳から6歳までのすべての子どものうち、何％が本調査で把捉できたのか、正確な数値は不明である。

5章
保育園と認定こども園とは何が違うのか
—保護者の社会経済的背景に着目した分析—

　本章は、Wave 2のデータを用いて、保育施設の多様化と利用層について考察することを目的とする。具体的に保育園と認定こども園とでは保護者の社会経済的背景にどのような違いがあるのかに着目する。

1. 幼児教育を担う施設としての保育所

　現在、子育てをしていなかったり、乳幼児が身近にいなかったりする人には、保育所は福祉施設なので子どもの養護に主眼を置いており、幼児教育を行う幼稚園とは性質が異なるという思い込みがあるかもしれない。実のところ、今日の保育所は幼児教育を担う機関でもあり、その教育内容は幼稚園とほぼ同じである。

　「保育所保育指針」によると、保育所は「幼保連携型認定こども園や幼稚園と共に、幼児教育の一翼を担う施設(厚生労働省、2018、p.5)」として位置づけられており、「教育に関わる側面のねらい及び内容に関して、幼保連携型認定こども園教育・保育要領及び幼稚園教育要領との更なる整合性(同)」が図られている。特に保育所において、幼児教育が積極的に位置づけられており、その内容が幼稚園教育要領とほぼ同じである。表5-1に示したのは、「幼稚園教育要領」と「保育所保育指針」のそれぞれの活動のねらいに関する文言の一部である。とりあげたのは「健康」に関する記述だが、「健康な心と体を育て、自ら健康で安全な生活をつくり出す力を養う。」という文言は完全に一致、具体的な「ねらい」もほぼ同じ文言であることがみて取れるだろう。

　保育所が幼稚園とほぼ同様の幼児教育を担う施設であるということは、保護者は、その施設が主に幼児教育を行うかどうかではない理由で、利用する園を選択している可能性を示唆する。そこで本章では、保護者は就業など、自らの利用目的(理由)に応じて、保育所と幼稚園、認定こども園等を使い分けると予想した。以下では、保護者の就業状況や家庭の経済状況などに着目

表5-1 「幼稚園教育要領」と「保育所保育指針」の整合性(例)

幼稚園教育要領(文部科学省)	保育所保育指針(厚生労働省)
第2章 ねらい及び内容	第2章 保育の内容
健康 〔健康な心と体を育て、自ら健康で安全な生活をつくり出す力を養う。〕 1 ねらい (1)明るく伸び伸びと行動し、充実感を味わう。 (2)自分の体を十分に動かし、進んで運動しようとする。 (3)健康、安全な生活に必要な習慣や態度を身に付ける。	健康 健康な心と体を育て、自ら健康で安全な生活をつくり出す力を養う。 (ア)ねらい ①明るく伸び伸びと生活し、自分から体を動かすことを楽しむ。 ②自分の体を十分に動かし、様々な動きをしようとする。 ③健康、安全な生活に必要な習慣に気付き、自分でしてみようとする気持ちが育つ。

して、保育所と認定こども園の利用層の違いをみていくことにする。

2．利用層に違いがあるか

(1) 利用区分

　Wave 2の調査対象であるB市は市内のすべての幼稚園が認定こども園に移行しているという特徴がある。そのため、市に所在する保育所は保育所と認定こども園のみである。

　子どもの通う園について保育園(以下「保育園」)とこども園に区分し、こども

表5-2 利用区分の分布

		度数	％
保育園		486	21.1
こども園	保育利用(標準時間)	693	30.1
	保育利用(短時間)	233	10.1
	教育利用	842	36.5
無回答		52	2.3
計		2306	100.0

園についてさらに回答された利用区分に基づき、保育利用（標準時間）（同「保育利用（標準時間）」）、保育利用（短時間）（同「保育利用（短時間）」）、教育利用（同「教育利用」）の３つに区分し、合計４つのカテゴリに分けて分析を進める。利用区分別の分布は表5−2に示したとおりである。

(2) 保護者の雇用形態と職種、配偶者の有無

　家族の子育て状況の違いに影響を与える要因に着目する。まず回答者の雇用形態と職種、配偶者の有無に着目した。表5−3はそのうち、雇用形態についてフルタイムかパートタイムか、職種について専門・技術的職業か、現在収入を伴う仕事をしていないかを抜粋して示したものである。職種の「（調査回答時に）収入を伴う仕事をしていない」には、「以前は働いていたが、現在は働いていない」者と「今までに収入を伴う仕事をしたことがない」者との両方が含まれている。

　利用区分別に特徴を述べると、「保育園」はフルタイムやパート・アルバイト等の仕事に就く者の割合が高く、収入を伴う仕事をしていない割合が2.5％ともっとも低いことが特徴である。また「専門・技術的職業」の割合も35.1％ともっとも高い。こども園では「保育利用（標準時間）」が「保育園」と似た特徴を示

表5−3　利用区分別雇用形態、職種　　　　　　　　(%)

		雇用形態		職種	
		フルタイム雇用割合	パート・アルバイト・臨時、日雇い労働割合	専門・技術的職業割合	収入を伴う仕事をしていない
保育園		53.6	39.3	35.1	2.5
こども園	保育利用（標準時間）	42.4	33.7	28.1	16.0
	保育利用（短時間）	7.5	79.8	28.4	7.7
	教育利用	12.1	28.5	14.0	51.9
全体		29.9	37.6	24.4	25.6

しているが、「保育園」との決定的な違いは、収入を伴う仕事をしていない者の割合が16.0％と比較的高い点である。「保育利用（短時間）」は専門的・技術的職業に従事している者の割合が「保育利用（標準時間）」とほぼ同じだが、雇用形態に目を向けると、フルタイム（7.5％）ではなく、パート・アルバイト等（79.8％）で働いている者が多いことが特徴である。また、こども園利用者のなかでは、収入を伴う仕事をしていない者の割合が低い（7.7％）ことも特徴といえる。「教育利用」は収入を伴う仕事をしていない者の割合がもっとも高い（51.9％）ことが特徴である。

（3）学歴・世帯所得

　次に、保護者の世帯所得と学歴に着目した。表5-4には保護者の学歴（教育年数）の平均値と大卒割合を示した。右端の大卒割合をみると、もっとも大卒割合が高いのは「教育利用」（25.2％）で、特に同じこども園利用者のなかでも「保育利用（短時間）」（18.5％）との差が大きいようにみえる。しかし、教育年数でみた場合、年数に統計的な有意差はなかった。

　一方で、世帯所得の平均値には統計的に有意な差がみられた。もっとも平均値が高いのは「保育利用（標準時間）」の612万3,631円、ついで「保育園」578万4,615円となり、「教育利用」574万3,785円、「保育利用（短時間）」546万6,346円となった。世帯所得の違いに影響を与えるであろう配偶者の有無について、配偶者なしと回答した者の割合[1]をみたところ、「保育園」15.4％、「保育利用（標準時間）」11.3％、「保育利用（短時間）」9.0％、「教育利用」6.4％であった。

　次に、世帯所得のばらつきに着目した（図5-1）。すると、4つのカテゴリの中央値はほぼ等しいものの、ばらつきには大きな違いがあることが明らかになった。保育園がもっともばらつきが大きく、こども園の「保育利用（短時間）」と「教育利用」はよく似た形で、ばらつきも比較的小さかった。

1　単身赴任等の一時的別居を含む同居家族について、配偶者（内縁を含む）を非選択とした者を「配偶者なし」とし、割合を算出した。

表5-4 利用区分別世帯所得、学歴

			世帯所得平均値 （円）	学歴平均 （年数）	大卒割合 （％）
保育園		平均値	5,784,615	13.70	21.4
		度数	455	482	
		標準偏差	2515105.163	1.567	
こども園	保育利用 （標準時間）	平均値	6,123,631	13.74	24.0
		度数	639	687	
		標準偏差	2713236.213	1.634	
	保育利用 （短時間）	平均値	5,466,346	13.69	18.5
		度数	208	228	
		標準偏差	1971738.024	1.452	
	教育利用	平均値	5,743,758	13.85	25.2
		度数	761	838	
		標準偏差	2579915.556	1.582	
全体		平均値	5,842,462	13.77	23.3
		度数	2063	2235	
		標準偏差	2560689.193	1.583	

$F_{(3-2059)}=4.541, p=.004$　　$F_{(3-2231)}=1.242, p=.293$

3. 園を選択した理由

　では、それぞれの家族が、現在通っている園を希望するにあたって重視したのはどのようなことだろうか。「お子さんの通う園を希望するにあたって、次のことはどのくらい重視しましたか」という問いに対し、「重視した」「少し重視した」「あまり重視しなかった」「重視しなかった」の4件法で回答を得た。図5-2には「重視した」と「少し重視した」という者の割合を示している。

　まず明らかなことは「a. 家からの通いやすさ」はすべての保護者にとって重要であるということである。また、「e. 保育料や諸経費」がいくらかかるかということよりも、「d. 保育時間や延長時間の有無」のほうが重視されている

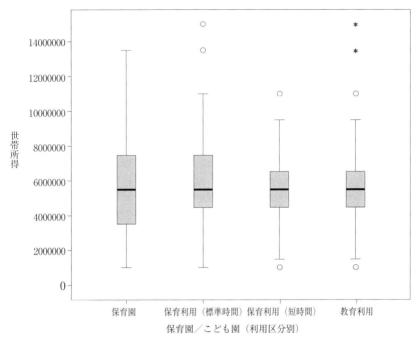

図5-1 利用区分別世帯所得のばらつき

ということもみてとれる。本章では、今日の保護者は、その施設が幼児教育を行う施設であるかどうかではなく、就業など、自らの利用目的(理由)に応じて、保育所と幼稚園、認定こども園等を使い分けると予想した。家からの通いやすさや保育時間、延長時間の有無が重視されていることは、保護者が自らの就業状況に合わせて利用する施設を選択していることを示唆している。

　一方、「b. 園の教育方針や園長先生の考え方」は特に「保育園」以外で重視されているが、それが「f. 教育活動やしつけに力を入れているかどうか」であるわけではないということも全体の傾向として明らかになった。つまり、教育方針や園長の考え方は一定程度考慮するものの、特に(しつけを含めて)園での教育活動に熱心であるであるかどうかという点を重視しているわけではないということを意味している。保護者にとって、園が子どもの教育にどの程

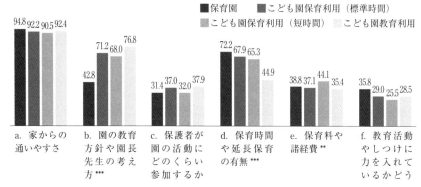

凡例:
■ 保育園　　■ こども園保育利用（標準時間）
こども園保育利用（短時間）　こども園教育利用

a. 家からの通いやすさ：94.8　92.2　90.5　92.4
b. 園の教育方針や園長先生の考え方 ***：42.8　71.2　68.0　76.8
c. 保護者が園の活動にどのくらい参加するか：31.4　37.0　32.0　37.9
d. 保育時間や延長保育の有無 ***：72.2　67.9　65.3　44.9
e. 保育料や諸経費 **：38.8　37.1　44.1　35.4
f. 教育活動やしつけに力を入れているかどう：35.8　29.0　25.5　28.5

図5-2　利用区分別希望するにあたって重視したこと
（「重視した」＋「少し重視した」）
*** p=.000 ** p<.010

度熱心であるかよりも、自らの働き方に合っているかのほうが、より重要になっていることがわかる。

　利用区分別にみたとき、特に回答に大きく差があったのは「b. 園の教育方針や園長先生の考え方」で、「保育園」では重視している割合が小さい一方で、認定こども園（「保育利用（標準時間）」「保育利用（短時間）」「教育利用」）では割合が大きかった。また、「d. 保育時間や延長保育の有無」については「保育園」「保育利用（標準時間）」「保育利用（短時間）」では重視している割合が大きいが、「教育利用」は割合が小さく、顕著な差がみられた。

　特に認定こども園では、教育利用と保育利用が1つの園に混在することになるため、利用層の間に働き方や経済状況、園への期待の差があった場合、園の教育活動に対するコミットメントの違いにつながることが危惧される。しかし、本章の分析によれば、認定こども園内での具体的な差は観察されなかった。

4．考察

　利用区分別に利用層の特徴をまとめよう。

　「保育園」は仕事に就く者の割合が高く、特に「専門・技術的職業」の割合が高いことが特徴である。その結果、世帯所得の平均値も相対的に高いが、配偶者のいない世帯もあり、もっとも多様な利用層がいると推察される。こども園の「保育利用(標準時間)」は「保育園」と似た特徴を示しており、世帯年収の平均値がもっとも高い。ただし、収入を伴う仕事をしていない者の割合も16.0％と比較的高く、内実は多様である。同じ保育利用であっても「保育利用(短時間)」はパート・アルバイト等で働いている者が多く、世帯所得の平均値はもっとも低い。「教育利用」は、もっとも大卒割合が高い一方で、収入を伴う仕事をしていない者の割合も高かった。

　先行研究は公営保育所とそれ以外の保育施設との間での経済状況に基づく利用層の差異、保育所と幼稚園の二重構造について指摘をしてきた(たとえば田中、2019)。しかし、今回分析したB市のデータからは所得という点での利用層の大きな違いは観察されなかった。むしろ明確になったのは、保護者の働き方と利用区分との関係である。

　世帯所得だけに着目すると、もっともゆとりがあるのは「保育利用(標準時間)」であり、ついで「保育園」である。従来の幼稚園にもっとも近い利用の仕方である「教育利用」は、世帯年収だけに着目するなら、4つのカテゴリのうち、3番目にとどまった。「保育利用(標準時間)」「保育園」では共働きが多く、「教育利用」では片働き世帯が多いことの反映だと考えられる。そして、認定こども園よりも保育園で、家族の状態や働き方、経済状況が多様化していることも明らかになった。

　家庭の経済状況からみた利用層の大きな違いが観察されなかった原因について、第1に2019年の10月から実施された保育料無償化の影響が考えられる。また、第2に、B市では幼稚園が認定こども園化していることが大きいと考えられる。認定こども園では保育利用が可能であり、預かり時間等について、

保育園との差異がかつてほどは大きくなくなったからである。このあたりの具体的な事情については、今後B市保育課や個々の保育園、認定こども園等への聞き取りを重ねて明らかにしなければならない。

　第3の要因として、B市が首都圏の小規模な市であるということがあげられる。Wave 1の調査対象である東京圏のA市とは異なり、学歴（教育年数）や世帯所得の分布は狭い範囲にとどまっている。加えて、住居と利用したい園との距離を考えたとき、保育所と認定こども園の両方を選択肢にできるケースが少なかった可能性がある。これについても今後、B市保育課や個々の園を通し、質的なデータを収集する必要がある。

引用・参考文献

厚生労働、2018　保育所保育指針 chrome-extension://efaidnbmnnnibpcajpcglclefindmkaj/https://www.mhlw.go.jp/file/06-Seisakujouhou-11900000-Koyoukintoujidoukateikyoku/0000160000.pdf（最終閲覧 2023.07.30）

厚生労働省、2018　保育所保育指針解説 平成30年2月chrome-extension://efaidnbmnnnibpcajpcglclefindmkaj/https://www.mhlw.go.jp/file/06-Seisakujouhou-11900000-Koyoukintoujidoukateikyoku/0000202211.pdf（最終閲覧 2023.07.30）

文部科学省、2008　幼稚園教育要領 chrome-extension://efaidnbmnnnibpcajpcglclefindmkaj/https://www.mext.go.jp/a_menu/shotou/new-cs/youryou/you/you.pdf（最終閲覧 2023.07.30）

田中智子、2019　子育て世帯の所得格差と子どもの保育格差　保育情報.517.4-8.

6章

社会経済的背景からみる子育ての様子

本章では、Wave 1のデータを用いて、保育所利用層の社会経済的背景を多面的にとらえることを目指す。現在、共働き世帯は専業主婦世帯の2倍以上の割合になり、保育所等の利用率も上昇している。保育所利用層が集団としてどのような特徴と多様性を持っているのか検討する。

1. 社会経済的背景としてのSES指標

学力と社会経済階層の関連を問う研究において近年、頻繁に用いられるようになったのはSocio-Economic Status：SES（以下SES）指標である。

(1) SES指標

学力とSESの関連を明らかにする研究は、2000年以前の日本では、ほとんど実施されてこなかった（数実、2017）。子どもの貧困や家庭の社会経済的背景と学力との関係に注目が集まるようになった現在でも、特に学校を通した調査では、保護者の年収や学歴など、家庭の社会経済的背景を問う質問項目は質問紙に入れること自体を拒否される傾向にある。

JELS（青少年期から成人期への移行についての追跡的研究：Japan Education Longitudinal Study）が保護者調査によって、直接、保護者から学歴、年収、職業といった項目への回答を得るまで、児童生徒に尋ねた親子の関わりを尋ねる質問（「家の人に博物館や美術館に連れて行ってもらったことがある」「小さいときに、家の人に絵本を読んでもらった」など）をSESの代理指標（文化階層指標）としてきた（数実前掲）。また、家庭の本の冊数といった文化的所有物や、勉強机やインターネット回線、学校に関連した作業のために使えるパソコンといった学習資源を代理指標に用いたものもある。しかし、これらの指標は、諸外国に比べると正確性に乏しく、また、保護者ではなく児童生徒に尋ねる場合、回答の信頼性が低いことも課題として指摘されている（垂見、2014）。

垂見(2014)は文部科学省が実施した全国学力・学習状況調査の分析に際して
SES指標を採用している。このとき採用されたSES指標は、父親学歴、母親
学歴、世帯所得の3変数の合成変数であり、指標値が高いほど、児童生徒の
家庭の社会経済的背景が恵まれていることを表している。合成変数を用いた
場合、変数間でどのようなメカニズムが働いているのかを明らかにすること
ができないというデメリットがあるものの、①家庭の社会経済的背景を総体
としてとらえることにより、家庭の社会経済的背景のグループ間の比較が行
えるため、解釈がより容易になる、②2つ以上の変数を合成することにより、
複合効果をとらえることができる、③モデルが簡素化され、共線性の問題も
軽減されるというメリットがある(垂見前掲)。そして、因子分析の結果の累積
寄与率[1]および信頼性係数[2] α の値がともに高いことを、合成変数を用いる際
の妥当性の条件とした。

(2) 本章で用いるSES指標

　本章ではOECD(2014)および垂見(前掲)を参照し、回答者の学歴(教育年数)、
世帯所得(各回答項目の中間値)、家庭の所有物(加算得点化)の3つの要素を用い
てSESを示す合成尺度を作成した。3変数について因子分析をしたところ、
説明された分散が60.5%(表6-1)であり、 α 係数も0.672と比較的高かったため、
合成変数の利用は妥当と判断した。

　具体的な手続きとしては、垂見(前掲)にならい、それぞれの変数を標準化し
たうえで、3つの変数の平均値を算出した。それをさらに標準化し、Highest
SES、Upper middle SES、Lower middle SES、Lowest SESの4グループに
分割した[3]。

1　データの持っている情報量がどのくらい説明されているかを示した数値。表6－1では累積%
が60.468であり、本文では60.5%と表記されている。

2　信頼性を表す指標。測りたい事柄に対して用意された項目の内容の一貫性や類似性の程度を示す。

3　なお、3つの変数の1つにでも欠損がある場合には合成尺度の値を欠損とする方法を試したが、
欠損値が14.0%となったため、いずれかの変数が欠損の場合も、残りの変数で算出することとした。
これにより、SESの欠損はわずか1ケース(0.1%)となった。さらに主成得点を使用する方法も

表6-1 家庭の社会経済的背景(SES)の主成分分析の結果

成分	説明された分散の合計						成分行列a	
	初期の固有値			抽出後の負荷量平方和				成分
	合計	分散の%	累積%	合計	分散の%	累積%		1
1	1.814	60.468	60.468	1.814	60.468	60.468	世帯所得	.813
2	0.665	22.183	82.651				家庭の所有物	.787
3	0.520	17.349	100.000				最終学歴	.731

因子抽出法: 主成分分析 　　　　　　　　　　　　　　　　因子抽出法: 主成分分析

(3)「家庭の所有物」への着目

OECD(2014)では、SESを示す指標として、Economic, Social and Cultural Status(ESCS)を用いている。ESCSは学歴、職業、家族の所有物に関する家族のバックグラウンドを合成変数として示すものである。このうち、家族の所有物とは、「勉強机」、「勉強のための静かな場所」、「詩集」、「辞書」、「インターネット接続」、「車」、「浴室」などの有無であり、家族の所有財、文化的財、教育的資源などを総合的に含んだ指標である。

さらに、大田区福祉部福祉管理課(2017)は子どもの生活実態を把握する調査において、生活困難層を「家庭からみた生活の困難」、「子どもからみた生活の困難」、「世帯収入からみた困難」の3つの要素に着目して定義した。とくに「子どもからみた生活の困難」では、「子どもの年齢に合った本がある」、「子どもが自宅で宿題をすることができる場所がある」、「毎年新しい洋服・靴を買う」、「学習塾に通わせる」、「1年に1回程度家族旅行に行く」などの項目について、経済的な理由で与えられていないものがあるかどうかを尋ねている。

「子どもからみた生活の困難」は子ども自身の生活の質を測ることを目的としている。現代社会において広く普及している行事の経験や、成長に合わせて洋服や靴を買い替えるといった事柄は、これができない場合、家庭のなかの子どもに割く資源が欠如していることを表す。それだけでなく、周りのみ

───────────────

試したが、欠損の割合が高いこと、それぞれの因子負荷が同程度であったこと(表6-1)から平均値を用いることにした。

表6-2　家庭の所有物（経済的な理由で持っていない／できないと回答した人の割合）

	(%)
子どもの年齢に合った本	2.6
子ども用のスポーツ用品、おもちゃ	1.6
子どもが遊びや学習に集中できる場所	8.7
電話（固定電話、携帯電話を含む）	1.1
世帯人数分のベッドまたは布団	3.6
急な出費のための貯金（5万円以上）	7.9
インターネットにつながるパソコン	10.1
（子どもに）毎年新しい洋服・靴を買う	1.2
習い事（音楽、スポーツ、習字等）に通わせる	13.7
1年に1回程度家族旅行に行く	11.5
正月のお年玉をあげる	2.3

n=1830

んながそれを享受するなかで、自分だけその経験がないということは、子ど
もの生活や心理状況に少なからず影響を与えると考えられるため、指標とし
て重要な意味を持つ（阿部、2019）。
　以上に鑑み、本章ではSESを構成する要素の3つ目として「家庭の所有物」
に着目した。具体的な項目内容とそれぞれの項目に対する回答（%）は表6-2
のとおりである。より数が大きいほうが「家庭の所有物」が多いことを示す変
数にするために、項目数の11から持っていない／できない項目の数を引く形
で得点化した。

2．SESグループ別にみた子育ての様子

（1）SESグループ別の記述統計
　以下ではHighest、Upper middle、Lower middle、Lowestの4つのSESグ

ループにわけて分析を進める。

　それぞれのグループがどのような家庭背景にあるのかを比較したのが表6
-3、表6-4、表6-5である。表6-3の世帯所得平均をみると、Lowestは
425.2万、Lower Middleは639.3万、Upper middleは821.3万、Highestは1183.2
万と、大きな差があった。回答者の大卒割合、雇用形態、専門・技術的職業
割合について表6-4に示した。大卒者の割合についてみた場合、Lower
middleとUpper middleの間に大きな断絶があるといってよいだろう。また雇
用形態については、Lowestでフルタイム雇用の割合が低く、パート・アルバ
イト等の割合が高いことが特徴である。

　「配偶者(内縁を含む)がいる」という選択肢を選択しなかった者をひとり親と
し、その割合について表6-5に示した。Lowestで27.3％と高い割合を示して

表6-3　SESグループ別統計記述ⅰ(学歴、所得、所有物)

		最終学歴平均 (教育年数)	世帯所得平均 (円)	所有物
Lowest	平 均 値	12.97	4,251,799	8.785
	度　　数	451	417	413
	標準偏差	1.562	1914683.363	1.702
Lower middle	平 均 値	14.25	6,392,761	10.573
	度　　数	416	373	368
	標準偏差	1.091	2005175.063	0.644
Upper middle	平 均 値	15.4	8,212,551	10.866
	度　　数	496	494	478
	標準偏差	1.01	1849939.523	0.398
Highest	平 均 値	15.86	11,832,151	10.995
	度　　数	454	423	412
	標準偏差	0.512	1910982.69	0.070
全体	平 均 値	14.65	7,744,288	10.319
	度　　数	1817	1707	1671
	標準偏差	1.573	3354200.863	1.283

表6-4　SESグループ別統計記述ⅱ（大卒割合、雇用形態、職種）　　　（%）

	大卒割合	フルタイム雇用割合	パート・アルバイト・臨時、日雇い労働割合	専門・技術的職業割合
Lowest	7.5	42.5	45.8	20.3
Lower middle	21.9	63.6	29.2	37.3
Upper middle	71.9	80.4	15.8	37.4
Highest	92.5	90.4	6.6	46.2
全体	49.7	69.6	24.0	35.3

表6-5　SESグループ別統計記述ⅲ（ひとり親割合）　（%）

	ひとり親	自分と子ども以外に同居家族がいない
Lowest	27.3	18.2
Lower middle	10.4	7.0
Upper middle	3.0	1.6
Highest	1.8	0.9
全体	10.4	6.8

注　ひとり親とは、「配偶者(内縁を含む)がいる」という選択肢を選択しなかった者とする。

いる。また、子どもの同居家族について、自分と子ども以外の同居家族の選択肢を選択しなかった者を「自分と子ども以外に同居家族がいない」とし、表6-5にはその割合も示している。Lowestをみた場合、ひとり親世帯は27.3%だが、「自分と子ども以外に同居家族がいない」割合は18.2%であり、9.1%は祖父母などの同居者がいるということがわかる。なお、子どものきょうだい数はSESグループによる有意差がみられなかった。

(2) 休日の過ごし方

　図6-1に、「休日に、お子様は、ご家庭でどのようなことをして過ごしていますか」という問いに対する回答を示した。もっとも多いのは「テレビや動画を見たり、ゲームをしたりする」（「いつもした」+「たまにした」を合わせて95.6%）で、

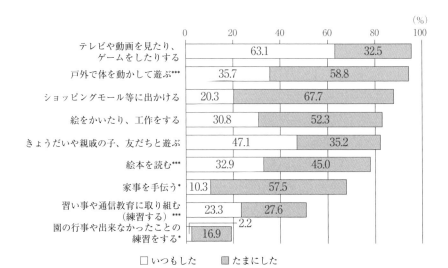

図6-1　休日の過ごし方

*** p=.000, * p<.05でSESグループ間の有意差あり

「戸外で体を動かして遊ぶ」(同94.5%)、「ショッピングモール等にでかける」(同88.0%)と続く。SESとの関連をみたところ、「戸外で体を動かして遊ぶ」、「習い事や通信教育に取り組む(練習する)」、「絵本を読む」、「園の行事や出来なか

表6-6　SESグループ別休日の過ごし方(習い事、絵本)

習い事や通信教育に取り組む(練習する)(%)　　絵本を読む　　　　　　　　(%)

	いつもした	たまにした	ほとんどしなかった	一度もしなかった		いつもした	たまにした	ほとんどしなかった	一度もしなかった
Lowest	12.5	21.4	15.2	50.9	Lowest	18.8	49.1	26.7	5.4
Lower middle	18.4	27.5	14.5	39.6	Lower middle	31.8	47.0	17.8	3.4
Upper middle	26.7	31.7	12.7	28.9	Upper middle	33.5	46.9	17.4	2.2
Highest	35.5	30.0	10.6	23.8	Highest	48.2	38.7	11.9	1.1
全体	23.5	27.8	13.2	35.5	全体	33.2	45.4	18.4	3.0

ったことの練習をする」、「家事を手伝う」で有意差があった。

　表6-6は、そのうち、SESが高いほどする、低いほどしないという傾向が
はっきり確認できた「習い事や通信教育に取り組む(練習する)」、「絵本を読む」
のクロス表を示したものである。「習い事や通信教育に取り組む(練習する)」の
「いつもした」の値をみると、Highest(35.5%)はLowest(12.5%)のおよそ3倍で
ある。また「一度もしなかった」がLowestで50.9%と高い。「絵本を読む」でも
「いつもした」の値をみると、Highest(48.2%)はLowest(18.8%)のおよそ3倍で
ある。また、Lowestでは「ほとんどしなかった」、「一度もしなかった」の値が
他のSESグループに比べると顕著に高い。

(3) 子育て状況

　回答者にとっての子育て状況を、サポートの有無とストレスの2点から把
握した。

　「つぎのようなとき、あなたやお子さまをサポートしてくれるのは誰です
か」という問いに対して、「いない」と回答した者の割合を図6-2に示した。ど
の項目もSESが低いグループほど値が大きいという一定の傾向がみられた。
先行研究の多くが指摘しているように、SESが低位であるということは、経

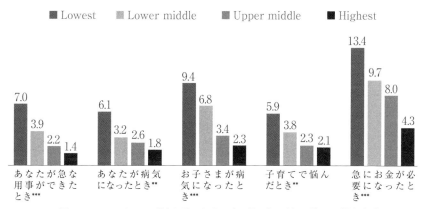

図6-2　SESグループ別サポートする人が「いない」と回答した割合(%)
*** p=.000. ** p<.01でSESグループ間の有意差あり

■Lowest ■Lower middle ■Upper middle ■Highest

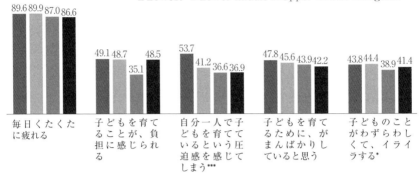

89.6 89.9 87.0 86.6 　毎日くたくた に疲れる

49.1 48.7 35.1 48.5 　子どもを育て ることが、負 担に感じられ る

53.7 41.2 36.6 36.9 　自分一人で子 どもを育てて いるという圧 迫感を感じて しまう***

47.8 45.6 43.9 42.2 　子どもを育て るために、が まんばかりし ていると思う

43.8 44.4 38.9 41.4 　子どものこと がわずらわし くて、イライ ラする*

図6-3　SESグループ別子育てストレス(「よくある」+「ときどきある」)(%)
*** p=.000,* p<.05でSESグループ間の有意差あり

済的文化的な資源が少ないというだけでなく、社会的なネットワーク／ソー
シャル・キャピタル[4]も少ない状況にあるということが、ここでも明らかにな
った。なお、「急にお金が必要になったとき」は、ほかの場合に比べ、どの
SESグループでも「いない」という割合が高かった。平均所得が1,000万を超え
るHighestにおいても、4.3%が「いない」と回答していた。
　続いて、子どもを育てるうえでのストレスについて尋ねた(図6-3)。上で
SESが低位である場合、社会的なネットワークも少ない状況にあると述べた
が、そのことと合致するように「自分一人で子どもを育てているという圧迫感
を感じてしまう」という項目について、Lowestで肯定する割合が有意に高か
った(53.7%)。ただし、この項目以外についてはSESグループによる顕著な差
はみられず、どのグループもみな、ほぼ同じようにストレスを感じているこ
とがわかった。特に「毎日くたくたに疲れる」はすべてのSESグループで、9割
近くが肯定していた。子どものケアは集約化が不可能であり、特に未就学児
を抱える共働き世帯において、時間貧困に陥る確率が高いという先行研究の
指摘に合致するものである。

4　行為者が自覚している信頼関係、互酬性の規範(持ちつ持たれつのような考え方)、ネットワー
ク(絆)のことをいう。社会関係資本ともいわれる。

3. 考察

　分析によって示されたSESによる格差が大きいこと、そしてSESグループごとに家族や子育ての様子に違いがあることは、いったいどのような新たな課題を示唆しているだろうか。

　第1に、保育所利用者が増加するなかで、これだけ家族ごとのSESによる差異が大きいとき、保育の目的や質をめぐって、保育所の経営者や異なる利用者層が政治的に争う事態が出来するということが指摘できる。

　たとえば田中(2019)は、近年、民営保育所から不安定就労層や多子世帯、外国籍の親のいる世帯など、「保育ニーズが高いと考えられている層(p.5)」が排除される傾向があることを指摘している。田中は利用者獲得のために保育所の差別化を目的とした習い事の導入など、付加価値をつけるための取り組みが結果として保護者の実費負担を大きくしてしまうことを問題とみなしている。確かに重要な問題だが、しかし、「保育ニーズが高い層」といったときに、それが誰を指すのか、保育ニーズとはなにかといったことが共通認識として存在するというこれまでの前提が、すでに成り立たない状況が生じているというのが本章の分析が示唆していることである。第5章で「保育所保育指針」では、幼稚園や認定こども園と同様、保育所も幼児教育の一翼を担う施設であることが明記されていると述べた。「保育ニーズ」のなかに、そこに通う子どもに対する教育が含まれているのであれば、SESの異なる層による異なるニーズがあると想定してもおかしくない。

　保育に関する研究では、従来、貧困問題に対する保育の福祉としての重要性が主張されてきた。それが貧困状態にある子どもの人権をめぐってなされる主張だとすれば、それ以外の子どもの発達と教育をめぐってなされる主張や、大人を十分に労働させるための観点からなされる主張は、それらと対立する可能性がある。

　高学歴で正社員、共働きのSESの高い層が、保育所においても習い事などの活動を充実させてほしいという要望を「保育ニーズ」として提出することは

十分に想定できる。また、学力格差の縮小を目指して、家庭ではなく、保育所に「絵本を読む」活動の充実を求めるという「保育ニーズ」も考えうる。保育所が低所得者層の保護者救済のための施設ではなく、児童自身の福祉を向上させるための施設と位置付けられている(全国保育団体連絡会・保育研究所編、2020)以上、これらの要求を否定することは難しいのではないだろうか。

　同時に、保育所が保護者の就労を保障する機能を果たす施設であることが、政策上、強く主張されている。希望していた保育所に入れず、子どもの預け先がないので働けないというクレームをSNS上でみかけることもあり、社会一般の意識としても、このことはある程度共有されているといえる。

　第2に、学力格差の縮小方策に関する課題について考える。SESと学力の研究において、学力格差を縮小する方策として、家庭で子どもが4～5歳のころに絵本を読み聞かせること、あるいは親子で図書館に行ったり、一緒に本を読んだりする活動が有効だという指摘がある。3章でも紹介したが、学力の形成には、親が毎日子どもに朝食を食べさせることや、子どもとの会話を通して文字文化に触れさせることなど、ごく当たり前のことが重要であるという指摘がなされている(浜野、2021)。しかし、生活時間に関する先行研究が指摘しているように、今日の働く親は、そもそも子どもと過ごす時間を捻出することが難しい。ましてひとり親世帯ではなおさらである。

　そして、本章の分析によって示されたように、休日の過ごし方、とりわけ「絵本を読む」という活動は、SESの影響を強く受けている。また、「戸外で体を動かして遊ぶ」、「習い事や通信教育に取り組む(練習する)」といった活動にもSESによる有意差があった。一見、習い事のように教育を目的とする活動には見えなくても、戸外で遊ぶ経験は子どもの基礎的な体力づくりや身体の発達、多様な経験の保証に結び付いている。つまり、小学校に上がる前に家族の生活にはすでにSESによる過ごし方の差異があり、家庭のごく当たり前のことが、実は当たり前ではないということを、本章の分析は示している。学力格差の縮小に向けた対策として、あるレベルのSESの家族にとってのみ、「ごく当たり前」とみなされる就学前の家族の過ごし方に頼ることは、むしろSES

による格差を正当化することにつながる恐れがある。

　今後、保育所における幼児教育や保育活動の目的について、あらためて考えることが必要になるだろう。

引用・参考文献

阿部彩、2019　第10章　指標から見る子どもの貧困.松本伊智朗・湯澤直美（編著）生まれ育つ基盤—子どもの貧困と家族・社会. 明石書店. 257-281.

浜野隆、2021　大都市において経済的不利を克服している家庭の特徴.耳塚寛明・浜野隆・冨士原紀絵（編著）学力格差への処方箋—〔分析〕全国学力・学習状況調査.勁草書房. 38-47.

数実浩佑、2017　第3章　各国の学力調査はSESをどのように測定しているか.国立大学法人福岡教育大学児童生徒や学校の社会経済的背景を分析するための調査の在り方に関する調査研究. 18-31.

OECD、2014　PISA2012 Technical Report., https://www.oecd.org/pisa/pisaproducts/PISA-2012-technical-report-final.pdf（最終閲覧 2022.01.14.）

大田区福祉部福祉管理課、2017　大田区子どもの生活実態に関するアンケート調査報告書 http://www.city.ota.tokyo.jp/kuseijoho/ota_plan/kobetsu_plan/fukushi/kodomo_seikatsu_plan/hinkon-chosa.files/houkokusho.pdf（最終閲覧 2022.01.14.）

田中智子、2019　子育て世帯の所得格差と子どもの保育格差. 月刊保育情報　517（DEC）. 4-8.

垂見裕子、2014　第1章　家庭の社会経済的背景（SES）の尺度構成. 平成25年度全国学力・学習状況調査（きめ細かい調査）の結果を活用した学力に影響を与える要因分析に関する調査研究.

全国保育団体連絡会・保育研究所編、2020　保育白書2020. ひとなる書房.

7章

<h1 style="text-align:center">朝食の役割と現状</h1>

　子どもの朝食の欠食や子どもだけで食べる孤食の問題は、解決していこうとする運動が何度なく行われているが（農林水産省、2023）、近年の共働きやひとり親世帯の増加など家庭の多様化に伴い、なくなることはない。本章では、子どもの朝食の欠食や孤食に焦点を当て、調査結果から子どもの朝食の現状を分析する。

---

1. 朝食の役割

　朝食は、睡眠時の体温調節のための発汗や脳の働きによって失われた水分やブドウ糖の補給の役割がある。また、朝食を摂取することで、体温を上昇させて活動しやすい体となる。

　2005（平成17）年に食育基本法が制定され、翌年2006年から第1次食育推進基本計画が決定され、現在は第4次食育推進基本計画まで進んだ。その間、「朝食又は夕食を家族と一緒に食べる『共食』の回数を増やす」目標数は週11回以上、「朝食を欠食する子供の割合を減らす」目標数は0％等いくつかの目標が掲げられてきた（農林水産省、2023）。にもかかわらず、子どもの朝食の欠食や子どもだけで食べる孤食の問題は、少なくはなってきているが近年の共働きやひとり親世帯の増加など家族・家庭の多様化に伴い、依然としてなくなることはない。

　2006年に「早寝早起き朝ごはん」全国協議会が設立されて、官民共同で展開されてきた「早寝早起き朝ごはん」国民運動により、小学生や中学生では、朝ごはんを食べる頻度に応じて学力や運動能力が高くなるといった結果が明らかとなった（「早寝早起き朝ごはん」の効果に関する調査研究 報告書、2021年）。子どもは朝食を欠食した場合、前日の夕食から翌日の昼食まで絶食状態が続くためエネルギーが不足し、脳が十分に機能できない。その結果として、学業に影響が出ることが栄養学的な視点から推測される。厚生労働省が10年毎に行っている乳幼児栄養調査の2015年度の結果では、起床時刻が朝8時を過ぎ、就

寝時刻が午後10時を過ぎると、朝食を必ず食べる子どもの割合が９割を下回った。さらに保護者の就寝時刻が遅くなるほど、午後10時以降に就寝する子どもの割合が高まった。保護者の生活リズムが子どもに影響していると考えられる。つまり、子どもが朝食を食べるということが、安定した規則正しい生活リズムを保てているバロメーターとなっている。

　24時間周期で循環する体内時計のことをサーカディアンリズムという。生体の１つひとつの細胞は、体内時計を持っている。その体内時計を調節するために、朝食が重要な役割を担っていることが明らかになってきてた(大池秀明ほか、2021)。規則正しい生活をするから朝食を摂取でき、朝食を摂取するから規則正しい生活が維持できるのである。

　また、家族と一緒に暮らしているにもかかわらず、子ども１人だけで食事を摂る「孤食」が増加している(厚生労働省、2014)。孤食が子どもに及ぼす影響は３つある。１つ目は大人とのコミュケーションをする機会が減るため、食事のマナーを大人から学ぶことが出来ないことや、自分の気持ちを伝えたり、相手の気持ちを理解する能力が育ちにくくなることである(小林ほか、2021)。２つ目は孤食の子どもが食事中に楽しくないと感じられたり、家族との絆が希薄になったように感じられることで、心理的な不安や孤独感を抱きやすくなるという影響がある(足立、2014、徳永、2016)。３つ目は、子どもが出された食事の中から、自分の好きなものや簡単に食べられるものを選ぶ傾向があるため、子どもの好き嫌いを増加させ、よく噛まず早食いすることから、消化不良や肥満などの健康問題を引き起こす可能性がある点である(風見、2016)。それでは、東京圏と首都圏の幼児を対象とした実際の調査から、幼児の朝食の実態についてみてみよう。

2. 朝食に関する調査

1) 朝食の欠食調査

　朝食の欠食について分析した結果、Wave 1 は92.38％が「ほぼ毎日食べる」と回答し、Wave 2 では91.1％が「ほぼ毎日食べる」と回答した。つまり、両調査とも約9割が毎日朝食を食べると回答した。次に朝食を保護者と一緒に食べているかという問いについては、両調査とも約5割が「ほぼ毎日」一緒に食べていた。一般的に年収や学歴が高くなれば、オーガニックなどの環境や体に配慮した高額な食材を購入する傾向にある（総務省統計局、2017）。したがって、保護者の年齢、年収や学歴が高くなるほど、朝食の有無などの食への関心も高くなると考えられる。今回の分析方法では残差分析を行った。その理由は「食選び」には年齢や地域特性が色濃く反映されるからである。例えば、同じタンパク源の補給として20代はほぼ肉から摂る傾向にあるが、40代は魚からも摂るようになってくる。つまり、40代以上の人々がほかより多く住む場所において魚がほかより多く摂取されても、それは40代の人の数を反映した結果であり当然の結果である。この場、40代の人数よりも魚を摂取する人が逸脱して多かった場合、初めてそこの地域の特徴となる。では、どれくらい多いと「逸脱して多い」という結果になるのか、そこを見極めるために残差分析を行った。以後、朝食を子どもと一緒に食べる頻度と保護者の学歴・年代、世帯収入（所得）のクロス集計[1]では残差分析を行った。

2) 子どもと一緒に朝食を摂取する頻度—Wave 1 —

　表7-1はWave 1の子どもと一緒に朝食をとる頻度を保護者の学歴別に示した表である。カイ二乗検定の結果、1％水準で有意差がみられた。朝食をほ

1　カイ二乗検定の結果、有意差が認められた場合には、有意水準$\alpha=0.05$の検定の場合は、1.96以上であれば、保護者の年齢、年収や学歴が上昇する中で、食への関心も同じような上昇ではなく逸脱して特徴的な部分であるとみなすことができるため、調整済み残差の絶対値が1.96以上のセルに注目することにした。

表7-1　Wave 1― 子どもと一緒に朝食をとる頻度と学歴のクロス集計

		子どもと一緒に朝食をとる頻度				
		ほぼ毎日食べている (1週間に6～7日)	よく食べている (1週間に3～5日)	あまり食べない (1週間に1～2日)	ほとんど食べない	合計
小・中	行の%	32.0%	16.0%	32.0%	20.0%	25
	調整済み残差	−2.3	0.6	1.7	0.8	
高等学校	行の%	40.1%	17.1%	23.4%	19.4%	252
	調整済み残差	−5.0	2.5	2.0	2.4	
専門学校	行の%	45.5%	13.7%	23.8%	17.0%	365
	調整済み残差	−3.9	0.9	2.8	1.6	
短大・高専	行の%	58.1%	11.2%	19.9%	10.9%	267
	調整済み残差	1.3	−0.6	0.5	−1.8	
大学	行の%	61.8%	10.7%	14.7%	12.9%	900
	調整済み残差	6.2	−2.1	−4.4	−1.9	
その他	行の%	50.0%	16.7%	16.7%	16.7%	6
	調整済み残差	0.2	0.3	0.1	0.2	
合計	行の%	54.5%	12.3%	18.7%	14.4%	1815

ぼ食べると答えた保護者と学歴には関連性があるといえる。朝食を子どもと
「ほぼ毎日食べている」と回答した保護者をみてみると、最終学歴が「小学校・
中学校」、「高等学校」、「専門学校・各種学校」ではいずれも調整済み残差がマ
イナスの値を示し、比率が有意に小さかった。一方最終学歴が「大学・大学院」
の保護者は全体合計54.5％に対して、61.8％であり調整済み残差が6.2であり、
比率は顕著に高かった。このことから、学歴が高くなるにしたがい、子ども
と朝食をとる時間を確保している保護者が多いと考えられる。

　ここでの学歴は今回のアンケートを回答した保護者の学歴である。今回の
アンケート調査に回答した保護者は「母親」が9割をWave 1・2とも占めてお
り、ほぼ母親の学歴を示している。普段から子どもと接する時間が長い母親
の学歴が子どもの学力に良い影響を与えるとされている(野崎ほか、2018)。

最終学歴が「高等学校」の保護者は、子どもと朝食を食べる頻度が「ほぼ毎日食べている（1週間に6〜7回）」の調整済み残差が−5.0であるのに対して、「よく食べている（1週間に3〜5回）」の調整済み残差が2.5であり、さらに「子どもとあまり食べない（1週間に1〜2回）」の調整済み残差は2.1、「ほとんど食べない」の調整済み残差は2.4のように調整済み残差はプラスの値を示した。「大学・大学院」の保護者は、「ほぼ食べている（1週間に6〜7回）」は先ほど同様調整済み残差は6.2であるが、よく食べる、あまり食べないなどの調整済み残差はそれぞれ−2.2、−4.4とマイナスを示していた。このことから、学歴が低いと朝食を子どもと一緒に食べる頻度は少ない方の比率が高くて、学歴が高い方と一緒に朝食をとる頻度が高いことがわかった。

　表7-2の子どもと一緒に朝食を食べる頻度と年収(世帯所得)のクロス集計では、カイ二乗検定の結果、1％水準で有意差がみられた。「ほぼ毎日食べている」と答えた保護者のうち、年収が「300万未満」と回答した保護者の調整済み残差は−2.5、「300〜500万」と回答した保護者の調整済み残差は−3.9とマイナスの値を示した。年収が「800万以上」と回答した保護者の調整済み残差は5.0

表7-2　Wave 1 — 子どもと一緒に朝食をとる頻度と年収のクロス集計

		子どもと一緒に朝食をとる頻度				
		ほぼ毎日食べている （1週間に6〜7日）	よく食べている （1週間に3〜5日）	あまり食べない （1週間に1〜2日）	ほとんど食べない	合計
300万 未満	行の%	43.7%	9.5%	23.0%	23.8%	126
	調整済み残差	−2.5	−1.0	1.3	3.1	
300〜 500万	行の%	43.5%	14.2%	26.9%	15.4%	260
	調整済み残差	−3.9	1.0	3.6	0.5	
500〜 800万	行の%	52.7%	15.0%	17.7%	14.6%	560
	調整済み残差	−1.0	2.3	−0.8		
800万 以上	行の%	60.5%	10.5%	16.4%	12.6%	876
	調整済み残差	5.0	−2.3	−2.5	−2.1	
合計	行の%	54.5%	12.3%	18.8%	14.4%	1822

表7-3 Wave 1 ― 子どもと一緒に朝食をとる頻度と年代のクロス集計

| | | 子どもと一緒に朝食をとる頻度 | | | | |
		ほぼ毎日食べている (1週間に6～7日)	よく食べている (1週間に3～5日)	あまり食べない (1週間に1～2日)	ほとんど食べない	合計
20歳 以下	行の%	35.1%	16.0%	26.7%	22.1%	131
	調整済み残差	−4.6	1.3	2.4	2.6	
30代	行の%	56.0%	13.2%	18.3%	12.4%	1118
	調整済み残差	1.6	1.5	−0.6	−3.0	
40代	行の%	56.0%	9.8%	17.8%	16.4%	573
	調整済み残差	0.9	−2.3	−0.7	1.7	
合計	行の%	54.5%	12.3%	18.8%	14.4%	1822

とプラスの値となった。年収が多くなるにしたがい、保護者は子どもと朝食を食べる時間を確保していた。

　「300万未満」では「ほとんど食べない」と答えた保護者の調整済み残差は3.1であり、「800万以上」と答えた保護者の場合の調整済み残差は「ほとんど食べない」は−2.1であった。年収が低い保護者は、子どもと朝食を一緒に食べない傾向にあり、年収が高い保護者は子どもとほぼ毎日食朝食を食べる傾向にあった。

　表7-3の子どもと一緒に朝食を食べる頻度と年代のクロス集計では、カイ二乗検定の結果、1％水準で有意差が見られた。その結果、「20代」の保護者のうち「ほぼ食べている」と回答した保護者の調整済み残差は−4.6とマイナスの値であるのに対して、「あまり食べない」と回答した保護者の調整済み残差は2.4、「ほとんど食べない」と回答した保護者の調整済み残差は2.6とプラスの値であった。20代の保護者に関しては、「ほぼ毎日子どもと朝食を食べる」保護者は少ない傾向にあり、「あまり一緒に食べない」もしくは「ほとんど食べない」保護者は多い傾向にあった。

　Wave 1では、学歴が高い保護者と年代と年収は相関があり、学歴が高い親は年収も高く、年齢も高くなると、食に関する事柄への関心も当然高くな

表7-4 Wave 2― 子どもと一緒に朝食をとる頻度と学歴のクロス集計

| | | 子どもと一緒に朝食をとる頻度 | | | | |
		ほぼ毎日食べている (1週間に6・7日)	よく食べている (1週間に3～5日)	あまり食べない (1週間に1～2日)	ほとんど食べない	合計
小・中	行の%	31.3%	21.9%	25.0%	21.9%	32
	調整済み残差	－1.8	1.1	0.5	0.8	
高等学校	行の%	42.8%	14.3%	22.6%	20.3%	725
	調整済み残差	－2.6	－0.7	0.8	3.3	
専門学校	行の%	43.6%	17.5%	21.5%	17.5%	544
	調整済み残差	－1.7	1.8	－0.1		
短大・高専	行の%	52.8%	16.6%	17.9%	12.7%	441
	調整済み残差	2.9	0.9	－2.1	－2.4	
大学	行の%	51.0%	12.2%	23.4%	13.4%	531
	調整済み残差	2.3	－2.1	1.1	－2.3	
その他	行の%	80.0%	0.0%	0.0%	20.0%	6
	調整済み残差	1.5	－0.9	－1.2	0.2	
合計	行の%	46.8%	15.1%	21.6%	16.5%	2278

るが、今回の調査では、年齢、年収や学歴が高い保護者は、朝食を子どもと一緒に食べる時間をかなり意識して確保していることがわかった。これはただ単に食への関心だけからくることではなく、教育に対する関心の高さと考えられる。

3) 子どもと一緒に朝食を摂取する頻度―Wave 2―

　表7-4の子どもと一緒に朝食をとる頻度と学歴のクロス集計(カイ二乗検定)の結果、0.1%水準で有意差がみられた。Wave 2の場合子どもと一緒に朝食をとる頻度と保護者の学歴との間には関連性があるといえる。「ほぼ毎日子どもと一緒に朝食を食べている」と回答した保護者のうち、最終学歴が「高等学校」の保護者の調整済み残差は－2.6とマイナスの値を示し、「短期大学・高専」

の保護者の調整済み残差は2.9、「大学・大学院」の保護者の調整済み残差は2.3とプラスの値を示した。このことから、学歴が高い保護者の方が子どもと朝食を一緒にとる時間を確保していることがわかった。

　また「ほとんど子どもと一緒に食べていない」と回答した保護者のうち、最終学歴が「高等学校」の保護者の調整済み残差は3.3とプラスの値を示し、「短期大学・高専」と回答した保護者の調整済み残差は−2.4、「大学・大学院」の保護者の調整済み残差は−2.3とマイナスの値を示した。このことから、学歴が低くなるにつれて子どもと一緒に朝食をとる時間の確保ができていない保護者が増えることが明らかになった。

　Wave 2の場合は、子どもと一緒に朝食をとる頻度と年代や年収のクロス集計のカイ二乗検定の結果、有意差はみられなかった。Wave 2は首都圏ではあるが、東京とは離れており専業主婦の割合が高いことや持ち家率も高く、祖父母と同居している可能性もあり、学歴に関係なく所得は安定している。今回のWeve 1、2の結果は、数値的違いはさほどなかった。しかしその内訳は、東京に近い都市Wave 1の調査では保護者の高学歴・高収入であればあるほど、食や教育への関心の高さから、子どもと朝食を一緒にとる共食を実現させていた。東京から少し離れた都市Wave 2の調査では、学歴や収入の高さだけではない、親の代から住んでいる人の多い都市ならではの因習から子どもとの共食を毎日の習慣としてどの年代でも、どの収入でも行っているのではないかと推測された。

　これまでも保護者の経済状況と朝食の欠食などを調査したものは過去にあった（駿藤ほか、2020）が、今回の調査は保護者の学歴なども調査しており、必ずしも経済だけではない、子どもに良いことをしていこうという母親のモチベーションの高さが垣間みられた。

引用・参考文献

足立己幸、2014　共食がなぜ注目されているか—40年間の共食・孤食研究と実践から．名古屋学芸大学健康・栄養研究所年報, 6, 43-56.

風見公子、2016 栄養学から考える孤食と共食.心身健康科学, 12（1）, 24-26.

厚生労働省、2015 平成27年度乳幼児栄養調査結果の概要. https://www.mhlw.go.jp/file/06-Seisakujouhou-11900000-Koyoukintoujidoukateikyoku/0000134207.pdf（最終閲覧 2023.02.21）

厚生労働省、2014 平成26年度全国家庭児童調査結果の概要https://www.mhlw.go.jp/content/11920000/2kekkagaiyou.pdf（最終閲覧 2023.02.20）

小林仁美・多賀昌樹、2021 小学生における朝食欠食が学業成績および感情に及ぼす影響. 日本食育学会誌,15（1）, 33-38.

野崎華世・樋口美雄・中室牧子・妹尾渉、2018 親の所得・家庭問題と子どもの学力の関係：国際比率を考慮に入れて, 国立教育政策研究所NIER Discussion Paper Series. 8, 1-29.

農林水産省、2021 第4次食育推進基本計画（令和3〜7年度）の概要. https://www.maff.go.jp/j/press/syouan/hyoji/attach/pdf/210331_35-4.pdf（最終閲覧 2023.01.23）

大池秀明、2021、時間栄養学によるサーカディアンリズム制御.化学と生物, 59, 75-83.

総務省統計局、2017 家計調査報告（家計収支編）. https://www.stat.go.jp/data/kakei/sokuhou/nen/pdf/gyyoyaku.pdf（最終閲覧2023.10.23）

「早寝早起き朝ごはん」全国協議会、2021「早寝早起き朝ごはん」の効果に関する調査研究報告書. https://www.niye.go.jp/pdf/210706_02.pdf（最終閲覧2023.10.23）

駿藤晶子・山本妙子・吉岡有紀子・硲野佐也香・石田裕美・村山伸子、 2020 小学生の子を持つ保護者の世帯収入別にみた食生活状況に関する研究.栄養学雑誌,78（4）, 143-151.

8章

家庭における食材の取り入れ方

　本章では、主要な栄養素が含まれる野菜や肉などの食材やレトルト食品、即席麺などの加工食品の役割や問題点について説明し、幼児を持つ保護者がどのように日々の食事に取り入れているかを分析する。現代の保護者たちの食への向き合い方をみていく。

1. 栄養素を意識した食材の取り入れ方

　野菜、肉、パンなどの食材の取り入れ方は各家庭の状況によって異なることが「平成23年国民健康・栄養調査」から明らかになっている。本章では、それぞれの食材によって幼児を育てる家庭において取り入れ方に違いがある

表8-1　食材の頻度

	毎食	1日1回	1週間に4～6回	1週間2～3	1週間1回	月に1, 2回	全く食べない	食べられない	無回答
野菜	38.1%	34.4%	9.2%	9.3%	3.5%	1.0%	2.8%	0.0%	1.6%
果物	7.3%	22.4%	17.9%	28.3%	13.7%	5.6%	2.9%	0.0%	1.8%
肉・魚・卵	53.9%	30.6%	9.2%	3.7%	0.8%	0.0%	0.2%	0.1%	1.3%
牛乳・乳製品・豆乳	30.6%	37.1%	13.0%	11.5%	3.7%	1.5%	1.4%	0.3%	0.9%
パン・惣菜	6.9%	32.1%	18.3%	27.5%	11.2%	2.5%	0.6%	0.1%	1.0%
スナック菓子	6.0%	29.6%	22.4%	24.2%	11.8%	3.9%	1.4%	0.0%	0.8%
インスタント麺	0.0%	0.2%	0.7%	3.3%	21.6%	50.5%	22.8%	0.3%	0.8%
レトルト食品	0.0%	0.5%	1.5%	6.4%	23.8%	47.1%	19.8%	0.1%	0.8%
冷凍食品	0.2%	1.9%	4.5%	16.0%	28.6%	33.5%	14.4%	0.0%	0.9%

か、それはどのような特徴があるのかを細かくみていく。日本の幼児の保護者の家庭での食生活の現状を明らかにする。

　表8-1は首都圏の幼児を対象としたWave 2で行った各食材の摂取頻度について調査した結果である。以下では、野菜、果物、肉・魚・卵、牛乳・乳製品・豆乳、パン、スナック菓子、インスタント麺、レトルト食品、冷凍食品の摂取頻度について細かくみていく。

1）野菜

　野菜と一口に言っても、根菜類、葉菜類、果菜類と３種類に分かれており、根菜類、葉茎菜類、果菜類とがある(総務省1990年、「日本標準商品分類」)。

　根菜類とは野菜の根や地下茎を食べる野菜で、その中でもばれいしょやさつまいもなどをイモ類としている。イモ類の主体はデンプンで体力を温存し健康な体づくりに役立つ。同じようにデンプンが主な成分である穀類(米、小麦など)に比べると水分が多く含まれているため、貯蔵や輸送には適さない。他の根菜類もイモ類ほどではないが糖分が高く、気温が下がってくる秋から冬にかけて旬をむかえるものは、成長が遅くなり、じっくり時間をかけて育つので、大地のミネラルをたっぷり蓄えることになる。葉菜類とは主に葉の部分を食用とする野菜(キャベツ、ほうれんそう、レタス)のことで、葉の他に茎(アスパラガス)やつぼみ(ブロッコリー)を食べる野菜も含まれる。果菜類は野菜の果実や種実を食用にする野菜(トマト、ナス)のことをいう。いずれの野菜もビタミンとミネラルが豊富であり、食物繊維も多く含まれている。食物繊維は植物細胞の細胞壁に当たるものであり、ブドウ糖でできている。同じブドウ糖でできているデンプンはエネルギー源として体に吸収されるが、食物繊維はブドウ糖でできているにも関わらず結合が複雑なのでヒトの消化酵素では分解できずそのまま排出することになる。食物繊維は、体に吸収されることはないが、腸の中で腸内細菌の住処となり、腸内環境を整えて便秘を防ぐなどの働きがある。

　表8-1より野菜を「毎食食べる」が38.1％、「１日１回は食べる」が34.4％とか

なり野菜を意識して摂取していることが分かった。「全く食べない」と回答した保護者も2.8％存在していた。野菜に関しては子どもの"野菜の好き嫌い"が保護者にとっての悩みの種でもある。野菜の好き嫌いに関しては、多々納ほか(2014)によると、幼児期は嫌いな野菜でも大人になるとかなり改善され嫌いではなくなる傾向があり、どのように改善したかという問いに対しては「いつのまにか食べられるようになった」と回答する割合が多かった。それに対して「食べなさい」と強制されると食べられるものも嫌いになることがあるとされている(多々納ほか、2014)。したがって野菜には栄養素が詰まっているが、無理に野菜から摂取しなくてもほかの食材で補えばすむことなので、好き嫌いに関してはあまり深刻にならないほうが良い。

2）果物

　果物は「毎食食べる」と答えた保護者が7.3％、「1日1回食べる」は22.4％、「週に4〜6回」が17.9％、「週に2〜3回」が28.3％、「週に1回」が13.3％と続く。果物を摂取することは生活習慣病の予防などの効果が期待できるため、摂取するに越したことはない(杉浦ほか、2003)が若者の果物離れが進んでいる(森、2017)。「全く食べない」と回答した保護者も2.9％いた。先行研究では、果物が割高であることや皮などを剥く手間がかかるなどが果物を食べない理由として挙げられる(阪本ほか、2007)。また酸味は腐敗の指標で苦味は毒の指標であるため、人間は本能的に酸味や苦味を嫌う傾向にある。しかし、本能的に好きな甘味だけを摂取することは体にいいことではない。様々な味を食することがバランスのいい食生活を送るために重要である。酸味を好ましく感じる人間でもなかなか普段の食生活から酸味を摂取することは少ないということが報告されている(津村ほか、2012)。実際に日本食には酢の物以外酸味のある料理は少ない。これを補うためにも意識して果物を摂取していきたいものである。

3）肉・魚・卵

　肉・魚・卵は「毎食食べる」と答えた保護者が53.9％、「1日1回食べる」は30.6％、「週に4〜6回」が9.2％、「週に2〜3回」が3.7％、「週に1回」が0.8％であった。「毎食」と1日1回のパーセントを合わせると80％を超える保護者が毎日タンパク質を摂取している。タンパク質は体をつくる食材である。体組成では約6割が水分であり、その次に多いのがタンパク質と脂質である。食事から摂取する栄養素の中では、糖質と食物繊維を合わせた炭水化物の割合が最も多いが、体組成では糖質は1％未満とわずかしか含まれていない。これは、糖質がエネルギー源として消費され、過剰な分は脂肪に変換され蓄えられるためである。タンパク質は、筋肉、臓器、皮膚、骨、毛髪などの主要成分として体の中のいたる所に存在している。また、体の機能を調整するホルモン、化学反応を促進する働きを持つ物質である酵素、免疫を司る抗体などの材料でもある。タンパク質は約20種類のアミノ酸が結合し構成されている。その中でも9種類のアミノ酸は体内で合成することができない必須アミノ酸であり、食べ物から摂取しないといけない。そのため肉・魚・卵は必須アミノ酸を取り込むためにも毎食進んで摂取したい。

4）牛乳・乳製品・豆乳

　牛乳・乳製品・豆乳は「毎食食べる」と答えた保護者が30.6％、「1日1回食べる」は37.1％、「週に4〜6回」が13％、「週に2〜3回」が11.5％、「週に1回」が3.7％であった。日本人は約7割の乳糖不耐症の人間がいることが分かっている（足立、1987）。牛乳には乳糖（ラクトース）という糖が含まれており、この乳糖を分解する消化酵素をラクターゼという。乳糖不耐症とは消化酵素のラクターゼの欠乏により乳糖が消化できない状態のことで、これにより乳糖は体内に吸収されず腸に留まってしまい、下痢や腹部のけいれん痛を引き起こす。本調査結果では、「1日1回」は牛乳・乳製品・豆乳を摂取していると回答した保護者が6割を超えており、乳製品や豆乳も含まれるための結果と考えられる。チーズやヨーグルトは乳糖不耐症のヒトでも消化できる。チーズに関し

ては、乳糖が製造段階でほぼすべて水分のホエイに移行しているため、乳糖は固形の方のチーズにほとんど含まれない。また一般的なヨーグルトは製造過程で乳酸菌が乳糖を消費し30%ほどは分解される。さらに、胃酸で死滅せずに小腸へと到達した乳酸菌が出すラクターゼが乳糖の分解を助け、大腸への到達を防いでくれている。

　近年、"生きて腸に届く乳酸菌"というキャッチフレーズのもと、いろいろな株名がついた乳酸菌を使用したヨーグルトが製造されている。プロバイオティクスという概念のもと、日本のヨーグルト（発酵乳）の市場規模は年5000億円弱規模と推定されている（日経バイオテク、2020）。特に2020年度は新型コロナウイルス感染対策の観点で、免疫力の強化を期待される食品の注目度が高まり、乳酸菌やビフィズス菌などを配合した健康機能を訴求する商品の市場が拡大した。プロバイオティクス（probiotics）は抗生物質（antibiotics）に対比される言葉で、共生を意味するプロバイオシス（probiosis; pro 共に、〜のために、biosis 生きる）を語源としている。プロバイオティクスの定義としては、FAO[1]/WHO[2]が2002年の国際専門家会議[3]で公表した「十分量を摂取したときに宿主に有益な効果を与える生きた微生物」が広く受け入れられている。プロバイオティクスの持つ"有益な作用"としては、下痢や便秘を抑える、腸内の良い菌を増やし悪い菌を減らす、腸内環境を改善する、腸内の感染を予防する、免疫機能や神経系を調節するなどがあり、つまりプロバイオティクスを摂ると、おなかの健康を守ると共にからだ本来の力を強める手助けになると考えられている。本調査もコロナ渦に行われたことも牛乳・乳製品・豆乳の摂取量を引き上げた要因とも考えられる。

1　FAO：Food and Agriculture Organization of the United Nations（国連食糧農業機関）

2　WHO：World Health Organization（世界保健機関）

3　Joint FAO/WHO Working Group on Drafting Guidelines for the Evaluation of Probiotics in Food: Guidelines for the Evaluation of Probiotics in Food 2002.

5）パン・惣菜

　パンは毎食食べると答えた保護者が6.9%、「1日1回食べる」は32.1%、「週に4〜6回」が18.3%、「週に2〜3回」が27.5%、「週に1回」が11.2%であった。この結果から現代の幼児の生活においても基本の主食は米であるということが伺える。また、アレルギーなどではなく、「まったく食べない」と回答した保護者は0.6%であった。このことから、幼児を持つ家庭ではグルテンフリーの食生活はほとんど意識していないと考えられる。海外では小麦アレルギーやセリアック病[4]あるいは小麦不耐症などの患者が一定数存在するが、日本では米が主食であることやセアリック病患者がほとんどいないため、科学的要素としてグルテンフリーの食品を食べる必要はない。しかしSocial Networking Service（SNS）のひとつ Instagram でも「#グルテンフリー」で検索すると200万件以上の投稿がある。グルテンフリー食品はいわば流行りであり一つの産業となっている。商業ベースで踊らされないように注意したほうがよい。

2. 加工食品の取り入れ方

1）スナック菓子

　スナック菓子は「毎食食べる」と答えた保護者が6%、「1日1回食べる」は29.6%、「週に4〜6回」が22.4%、「週に2〜3回」が24.2%、「週に1回」が11.8%と続く。また「まったく食べない」と回答した保護者は1.4%であった。スナック菓子というとポテトチップスのような濃い味のものを想像してしまうが、子ども用のスナック菓子には野菜や小魚など原料にしたものも多数存在する。本調査の保護者がどのようなスナック菓子を選んだのかは定かではないが、「毎食食べる」と回答した保護者が6%いた。Wave 2 の対象地域の認定こども園の職員の方にインタビューする機会があった際に、スナック菓

4　セリアック病　小麦・大麦・ライ麦などに含まれるタンパク質の一種であるグルテンに対する免疫反応が引き金となり、腹痛、下痢、ガスなどの症状を呈する自己免疫疾患

子を毎食食べると回答した保護者がいる理由について話を聞くことができた。スナックを毎食摂取しているという結果は、この地域が車社会であることが関係しているのではないかということであった。保護者が園への送迎時など車を運転している際に、子どもに大人しくしていて欲しいときにスナック菓子を与えているのではないかということだった。一般的なスナック菓子は味付けが濃いため、未就学児に与えることには食品科学を専門とする立場から賛成できないが、材料を厳選するならば、効率よく生活するための一つの手段でもあるのであろう。

2) インスタント麺

　インスタント麺は「毎食食べる」と答えた保護者が0%、「1日1回食べる」は0.2%、「週に4〜6回」が0.7%、「週に2〜3回」が3.3%、「週に1回」が21.6%、「月に1、2回」が50.5%、「まったく食べない」が22.8%であった。この結果をみる限り、幼児をもつ保護者にとってインスタント麺は、子どもに与えることをためらう食材であることが伺える。またインスタント麺は低所得者の世帯で多く摂取されているというような報告もある。(硲野ほか、2017)が、今回の調査ではそのような傾向はみられなかった。むしろ、保護者の学歴のほうに相関があった。「1日1回食べる」と回答した保護者の学歴は小・中卒業者が最も多く、大学・大学院卒業者はいなかった。さらに「まったく食べない」と回答した保護者は学歴が高くなるに従いその割合は増えた。

　インスタント麺がなぜ敬遠されるのかというと、まず栄養のバランスの悪さにある。麺を揚げていることやスープの濃厚さを強調するあまり脂質が高いこと、あとは塩分が高いなどが挙げられる。しかし、昨今ノンフライ麺なる揚げずに熱風で乾燥させた麺を使用している製品や麺に食物繊維を練り込み摂取カロリーを低くしている製品、塩分控えめにつくられている製品や、さらにビタミンやミネラルなども含まれる製品も続々と市場に出てきている。

　そのすべてが従来のインスタント麺とほぼ同等の美味しさである。インスタント麺の中でも特にカップ麺はお湯を注ぐだけで1食分が賄えるというタ

イムパフォーマンスが素晴らしい商品である。上記で挙げられた製品にさらに乾燥わかめなどを入れたり、塩分は主にスープにあるのでスープをすべて飲まないなどの工夫をすれば、忙しいときに活躍してくれるであろう。

3) レトルト食品

　レトルト食品は「毎食食べる」と答えた保護者が0％、「1日1回食べる」は0.5％、「週に4～6回」が1.5％、「週に2～3回」が6.4％、「週に1回」が23.8％、「月に1、2回」が47.1％、「まったく食べない」が19.8％であった。

　レトルト食品は製造過程でパウチ（レトルトの袋）の中に、材料を入れ滅菌を兼ねた調理を行う。このため未開封であれば、ほぼ半永久的に喫食可能といえる。このため、予備の食材としてストックしておくには最適である。また最近ではパウチの入っている箱ごと電子レンジで加熱できる商品も製造され、湯煎して温める手間が省けるようになってきている。ちなみに、湧いているお湯に入れる、もしくは器に中身を移して温めるなどしなくてはいけないレトルト商品はパウチにアルミが含まれているので、電子レンジにはかけられない。電子レンジで加熱できるレトルト食品のパウチにはアルミは含まれずプラスチックでできている。

　分析の結果、インスタント麺と近い動向つまり、レトルト食品の使用をためらっている傾向がみうけられた。レトルト食品を敬遠する理由として濃い味つけにある。これはインスタント麺にも共通することであるが濃い味つけを子どもの頃に摂取することは勧めない。それは人間の味覚は加齢により、味覚の閾値が上昇するといわれている（成川・三坂、2020）からである。その理由は味を感知する味蕾細胞が減少するためだといわれる一方で、加齢による味蕾細胞の数の変化はないとされている（CHARLOTTE　M.、1983）報告もあり、味蕾細胞からの伝達に問題があるとも考えられる。いずれにしても、味覚は加齢とともに鈍くなっていくため、小さいころから濃い味つけのものを与えてしまうと年を重ねるごとにもっと濃い味つけを要求するようになり、それは生活習慣病のリスクを高めることとなる。子どもが小さいうちは濃い味つ

けのものは何か野菜などの食材を投入することで味を薄めるなどの工夫が必要である。

4）冷凍食品

　冷凍食品は「毎食食べる」と答えた保護者が0.2%、「1日1回食べる」は1.9%、「週に4～6回」が4.5%、「週に2～3回」が16%、「週に1回」が28.6%、「月に1、2回」が33.5%、「まったく食べない」が14.4%であった。

　冷凍食品もインスタント麺やレトルト食品と近い傾向にあり、あまり積極的に取り入れられていなかった。しかし冷凍食品は－18℃以下の低温で保存され、腐敗や食中毒の原因となる細菌が活動できないため、保存料を使う必要がない。そのため保存料やそれに代わる食品添加物は使われていないのである。食品添加物が必ずしも悪いものではなく、国の基準内で使用されているので、それ自体を否定するものではないが、もしも気にする人がいるならば、そこは安心してよいといえる。さらに生鮮食品などは天候の影響などで不作となり、価格が高騰することがあるが、冷凍食品は旬の時期にまとめて収穫し生産するため、1年を通じて安定した価格で提供されている。また、手作りした場合、少量だと材料を無駄にしてしまうことがあるが、冷凍食品であれば使いたい分だけ使うことができるし、前処理されているので、手づくりよりも時間を短縮することができる。

　冷凍技術の進化は目覚ましく、必ずしも「生の食品のほうがおいしい！」とはいえないレベルまで向上している。スーパーで売られている魚の刺身のほとんどが冷凍されたものだということを考えても、決して生の状態と引けを取らないといえる。これは科学の進歩の恩恵としてどんどん取り入れていくべきである。

引用・参考文献

足立達、1987　乳糖不耐症と牛乳の飲み方.日本家政学会誌,38（1）, 77-82.

C M Mistretta, B J Baum、1984　*Quantitative study of taste buds in fungiform and circumvallate papillae of young and aged rats.*　Journal of Anatomy, 138（2）, 232-332.

成川真隆・三坂巧、2020　味覚のサイエンス―加齢と味覚の関係.日本老年医学会雑誌, 57 (1), 1-8.

日経バイオテク、　プロバイオティクス：日経バイオテクONLINE. https://bio.nikkeibp.co.jp (最終閲覧 2023.08.13)

森宏、2017　若者の果物離れ 再論. Economic Bulletin of Sensbu University , 52 (2), 95-107.

阪本亮・中祐子・草苅仁、2007　家計における生鮮果物消費の減少要因. 農林業問題研究166, 151-155.

硲野佐也香・中西明美・野末みほ・石田裕美・山本妙子・阿部彩・村山伸子、2017　世帯の経済状態と子どもの食生活との関連に関する研究. 栄養学雑誌, 75-1, 19-28.

総務省、1990　日本標準商品分類(平成2年6月改定). https://www.soumu.go.jp/toukei_toukatsu/index/seido/syouhin/2index.htm (最終閲覧 2023.08.13)

杉浦実・田中敬一・矢野昌充・駒村研三、2003　果物摂取と生活習慣病の予防. 栄養学雑誌, 61 (6), 343-347.

多々納道子・小方美穂・植田遥菜、2014　大学生の幼児期の振り返りからみた野菜嫌いの克服法. 教育臨床総合研究, 13, 97-110.

津村文彦・黒川洋一・宇田川隆・亀田勝見・杉村和彦・宇城輝人、2012　酸味を考える. 福井県立大学論集, 39, 13-44.

9章

園と家庭で育つ幼児の基本的生活習慣

幼児の基本的生活習慣は、これまで家庭で身につけられると考えられてきた。しかし、近年、保育を利用する幼児の習慣形成が良好との報告もある。幼児の基本的生活習慣の定着状況(保護者の回答)について、子どもの年齢と保育利用状況別(教育利用、保育利用:短時間／標準時間)に検討する。

1. 幼児の基本的生活習慣とは

　基本的生活習慣は、人が生まれた社会に適応して生活する上で不可欠かつ最も基本的な事柄に関する食事、睡眠、排泄、着脱衣、清潔の5つの習慣をいう(谷田貝・高橋、2008)。日本における最初の基本的生活習慣の発達規準[1]を示した山下俊郎は、「幼児につけられるべき習慣として最も大切なもの(p.311)」、「主として生理的生活に関係する食事、睡眠、排便の三つの習慣(p.311)」に「着衣および生活の習慣の二つを加えて、これらを一括して基本的習慣(p.311)」とし、「満四歳おそくとも満五歳までの間に一とおり完成さるべきもの(p.311)」と位置づけた(山下、1955)。幼児の基本的生活習慣は、これまで「特に乳幼児期においては子どもの生活基盤の大部分が家庭であることから、家庭の教育力は極めて重要(p.882)」であり、幼児期に「基本的信頼感が形成されていると、子どもが自発的に親をモデルとし、食事や排泄、衣服の着脱、清潔といった親の求める基本的生活習慣が多少の紆余曲折はあっても身につくようになる(p.882)」と考えられてきた(入江、2004)。特に幼児の多くが就園時期を迎える前の幼児期前期(2〜3歳)の排泄と食事の自立は、家庭教育の主要な課題であった(高木・久世、1988)。

　しかし、2000年代以降、幼児の基本的生活習慣の一部に獲得率退行の傾向

1　幼児の基本的生活習慣を食事、睡眠、排泄、着脱衣、清潔の5つの習慣と位置づけたのは、山下俊郎の1935〜1936年調査による[ただし、山下(1955)は、「基本的習慣の自立の標準」として食事、睡眠、排泄、着衣、清潔の語句を用いた]。

がみられ、保育関係者を中心に課題視されるようになった。例えば、「基本的生活習慣の発達基準」について山下の発達基準を元に調査を継続してきた谷田貝・高橋(2021)は、2003年と2019年調査を比較した場合に食事(食事が1人でできる、箸と茶碗を両手に持って食べる割合の低下)、睡眠(合計睡眠時間の短縮)、排泄(排便の規則性の低下)習慣に変化が顕著であったと報告した[2]。ベネッセ教育総合研究所(2016)は、3歳児におけるトイレットトレーニングに関する発達を経年比較し、保育園児も未就園児も共に特に排泄の習慣の達成率が低下し、夜間のオムツ使用への依存が高まったことを指摘した。

近年では、幼稚園と保育所の幼児を比較した場合に、保育所利用者の基本的生活習慣が良好であったケースも報告されるようになった。例えば、ベネッセ教育総合研究所(2016)は、3歳児のトイレットトレーニングに関する発達を就園状況別に比較し、「おしっこをする前に知らせる」と「自分でパンツを脱いでおしっこをする」の達成率は、幼稚園児よりも保育園児のほうが高かったと報告した。永田ほか(2017)は、幼稚園と保育所を利用する保護者を対象とした2006年と2016年の調査比較から、「幼稚園・保育所で教えられていること」として、幼稚園の保護者に「食事のマナー」、「トイレ」、「衣服や靴の着脱」、「手洗い」を回答する割合が、10年前よりも有意に高まったことを指摘した。

以上の先行研究から、幼児の基本的生活習慣は、食事や排泄の習慣が幼児期前期(2〜3歳)までに身につくとは限らず、幼児期後期(3〜6歳)に園と家庭が協働して育てる現状にあると考えられる。

ただし、現在の幼稚園・認定こども園・保育所の3歳以上児の保育内容(健康、人間関係、環境、言葉、表現の5領域)は、『幼稚園教育要領』に準じて共通内容が設定されており、幼児の基本的生活習慣の形成は、保育内容(健康及び人間関係)の一部に記載されているものが周辺的な扱いとなる。門松(2018)は、1989年

---

2 岩﨑(2021)は、谷田貝・高橋(2008、2021)の調査項目を参照して設定したWave 1調査の子どもの基本的生活習慣のうち、6歳児までに保護者の7割以上が「身についている」と回答した項目が「朝食の摂取」、「自分で衣服を着る」、「自分で歯を磨く」であったこと、「排便」の規則性は、6歳時点で31.0%の幼児にしか定着していなかったことを報告した。

告示『幼稚園教育要領』以降、発達観やしつけの概念が大きく変化し、児童中心主義への転換の過程で、幼児の基本的生活習慣について教師が指導するという視点や記述が減少したと指摘する。2020年代に入り、低年齢児(特に1〜2歳児)の保育利用が増え(「はじめに」参照)、園を教育利用する子どもの保育時間も預かり保育等の利用により、長時間化の傾向にある[3]。集団保育の利用により、幼児に基本的生活習慣が身につくならば、多くの保護者の子育てにとって心強い支援となる。しかし、現状の職員配置や保育内容からは、集団保育を通して基本的生活習慣の形成を図ることには、一定の限界があると予想される。

　幼児の基本的生活習慣は、園と家庭でどのように協働し育てることができるだろうか。家庭で注力すべき習慣は、何だろうか。本章は、幼児の基本的生活習慣について、子どもの年齢別と保育利用状況別(園の教育/保育利用)との関連を検討し、今後の家庭教育への示唆を得ることを目的とする。

2. 保育所・認定こども園の利用状況と幼児の基本的生活習慣

1) 方法

　使用するデータは、Wave 2首都圏B市調査である。使用する変数は、説明変数として、子どもの年齢(3〜6歳)と保育利用状況[教育利用、保育利用(短時間)、保育利用(標準時間)]の2項目を使用する。従属変数として、山下(1955)や谷田貝・高橋(2008)、全国国公立幼稚園・こども園長会(2015)を参考として測定した基本的生活習慣(食事、排便、着脱衣、清潔の習慣)6項目[4]を使用する。

3　例えば、ベネッセ教育総合研究所(2016)は、幼児の「家の外にいる平均時間」は、幼稚園児が1995年5時間39分→2015年6時間11分、保育園児1995年8時間36分→9時間34分へと増加したことを明らかにした。

4　本調査は、睡眠習慣を測定できなかった。ベネッセ教育研究所(2010)によれば、幼稚園児と保育園児(4〜6歳)の夜間睡眠時間は、幼稚園児が30分〜1時間程度長いという。厚生労働省

基本的生活習慣の具体的な項目は、食事の習慣として「はしを正しく持って使う」、排便の習慣として「朝、排便してから登園する」の各1項目。着脱衣の習慣として「自分で衣服を着る」、「脱いで裏返った衣類を元の状態に戻す」の2項目。清潔の習慣は「自分で歯を磨く」、「お風呂で自分の体を洗う」の2項目を使用する。

2) 幼児の基本的生活習慣の年齢別定着状況

　基本的生活習慣(食事、排便、着脱衣、清潔の習慣)の定着状況について、子どもの年齢別にクロス集計を行った結果を表9−1に示した。

　本調査の基本的生活習慣の測定項目作成の際に参考とした山下(1955)や谷田貝・高橋(2008、2021)の「基本的生活習慣の発達規準」調査は、各習慣の質問に対し「はい(できる)」、「いいえ(できない)」の2項目から保護者(主な保育担当者)が回答する形式で実施され、当該年齢段階児の70〜75%が満足する(できる)ことをもって自立の標準年齢規準を定めていた。谷田貝・高橋(2008、2021)の「基本的生活習慣の発達規準」によると、食事の習慣のうち「はしを正しく持てる」の自立標準年齢は、2003年6.0歳、2019年6.5歳。排泄の習慣のうち「大便をする時間は大体決まっていますか」は、2019年調査で6歳児の50%以上が「いいえ」と回答したという(谷田貝・高橋、2021)。着脱衣の習慣のうち「自分で衣服を着ることができる」の自立標準年齢は、2003年3.6歳、2019年4.0歳(谷田貝・高橋、2021)。清潔の習慣のうち「いつも自分で歯磨きをする」の自立標準年齢が2019年5.0歳、「自分で身体を洗う」の自立標準年齢は、2019年6.6歳であった(谷田貝・高橋、2021)。

　谷田貝・高橋(2008、2021)は、保護者が幼児の習慣をできる／できないの2件法で回答した結果から自立の標準年齢を定めたが、本調査は「身についていない」、「あまり身についていない」、「少し身についている」、「身についている」に「わからない」を加えた5件法で測定し、本章では、「わからない」を分析か

<hr>

(2005)は、母親の労働時間が長くなると午後10時以降に寝る子の割合が高まることを報告した。

表9-1　子どもの年齢別「基本的生活習慣」の定着率

		N	身についている	少し身についている	あまり身についていない	身についていない	χ2乗検定有意確率
【食事】	3歳児	544	11.9%	31.1%	33.1%	23.9%	
はしを正しく持って使う	4歳児	782	31.2%	39.1%	20.1%	9.6%	p<.001
	5歳児	799	43.2%	38.3%	13.9%	4.6%	
	6歳児	141	**61.0%**	25.5%	10.6%	2.8%	
【排便】	3歳児	541	20.0%	28.1%	25.1%	26.8%	
朝、排便してから登園する	4歳児	778	27.8%	27.4%	30.3%	14.5%	p<.001
	5歳児	793	33.3%	30.9%	24.0%	11.9%	
	6歳児	140	**44.3%**	26.4%	17.1%	12.1%	
【着脱衣】	3歳児	546	50.5%	42.7%	5.9%	0.9%	
①自分で衣服を着る	4歳児	788	80.3%	18.7%	0.5%	0.5%	p<.001
	5歳児	801	91.6%	7.9%	0.5%	0.0%	
	6歳児	144	**90.3%**	9.0%	0.7%	0.0%	
②脱いで裏返った衣類を元の状態に戻す	3歳児	543	20.8%	32.0%	32.6%	14.5%	
	4歳児	785	42.9%	34.6%	18.0%	4.5%	p<.001
	5歳児	800	55.0%	28.3%	14.3%	2.5%	
	6歳児	144	**61.8%**	23.6%	9.7%	4.9%	
【清潔】	3歳児	547	40.0%	47.3%	11.3%	1.3%	
①自分で歯を磨く	4歳児	789	58.9%	34.5%	6.0%	0.6%	p<.001
	5歳児	799	68.8%	26.5%	3.9%	0.8%	
	6歳児	144	**75.7%**	20.8%	3.5%	0.0%	
②お風呂で自分の体を洗う	3歳児	546	23.6%	43.8%	25.8%	6.8%	
	4歳児	787	42.4%	39.4%	14.5%	3.7%	p<.001
	5歳児	801	55.9%	32.1%	10.1%	1.9%	
	6歳児	143	**62.9%**	22.4%	11.9%	2.8%	

※対象者の70%以上に「身についている」と回答された項目の数値を網掛けで示した。

ら除外した。また、本調査における「少し身についている」との回答は、身についていると断定しがたい保護者の評価を示すと捉えた。そこで、本研究の結果（表9-1）については、「身についている」割合に注目したい。

いずれの「基本的生活習慣」も子どもの年齢が上がるほど「身についている」割合が高まったが、6歳児で「身についている」と回答した保護者の割合に注目すると、食事の習慣「はしを正しく持って使う」61.0％、排便の習慣（「朝、排便してから登園する」）44.3％。着脱衣の習慣のうち、「自分で衣服を着る」ことは4歳児以上の8～9割に「身についている」と回答され、「脱いで裏返った衣類を元の状態に戻す」は、6歳児に「身についている」割合が61.8％であった。清潔の習慣のうち、「自分で歯を磨く」は、6歳児の75.7％、「お風呂で自分の体を洗う」は、6歳児の62.9％に「身についている」と回答された。

本調査で測定した基本的生活習慣のうち、最も習慣の定着率が高かったのは「自分で衣服を着る」ことであり、4歳児になるとほとんどできるようになったが、着方を間違えた場合に「脱いで裏返った衣類を元の状態に戻す」ことは、6歳児でも難しい場合があることがわかった。「自分で歯を磨く」ことも、6歳児になると7割以上に「身について」いた。

以上の結果を谷田貝・高橋（2021）の「基本的生活習慣の発達規準」を参考として考察すると、調査方法が異なるため単純な比較はできないものの、谷田貝・高橋（2021）の「基本的生活習慣の発達規準」の2019年調査の自立標準年齢と本研究の結果に大きく異なる点はなかった[5]。また、排便や排泄の習慣の遅れ（谷田貝・高橋、2008、2021、ベネッセ教育総合研究所、2016）について、本研究でも同様の傾向が確認された。

谷田貝・高橋（2021）は、2003年と2019年調査の比較から、2019年調査におけ

5　谷田貝・高橋（2021）の「基本的生活習慣の発達規準」では、「いつも自分で歯磨きをする」の自立標準年齢5.0歳であったが、本研究で「自分で歯を磨く」に70％以上が「身についている」と回答したのは6歳であった。厚生労働省（2022）によると、6歳でう歯（虫歯）を持つ幼児は著しく減少し、1999年78.0％、2011年42.1％、2022年30.8％だったという。幼児の歯磨き講座や歯科医等では、10～12歳頃まで保護者の仕上げ磨きが推奨されるようになった。子どもの歯を保護者が磨く期間が長期化し、自立年齢が遅れたとも考えられる。保護者の仕上げ磨きは、幼児のう歯の減少に結びつく。自立年齢の遅れが、子どもの発達の危機に直結すると断定しがたい。

る発達遅滞を指摘した。しかし、幼児期に身につけるべき基本的生活習慣の内容も、時代や社会状況の変化と共に再検討が必要と考えられる。例えば、食事や排泄、着脱衣の習慣は、就学後の学校生活に支障が出やすい習慣であるが、歯磨きや入浴の習慣は、家庭の教育方針により、仮に就学後に身につけたとしても子どもの人生への負の影響は少ないと考えられるためである。

3) 保育の利用状況と幼児の基本的生活習慣の定着率

　保育の利用状況別（教育利用、保育利用：短時間／長時間）に幼児（3～6歳児）の基本的生活習慣の定着率を表9-2に示した。その結果、「はしを正しく持って使う」、「自分で衣服を着る」、「脱いで裏返った衣類を元の状態に戻す」の3項目に保育利用状況との有意な関連がみられた。いずれも保育利用（短時間）＞保育利用（標準時間）＞教育利用の順に「身についている」割合が高かった。したがって、園を教育利用する幼児のように、保育時間を短くし、可能な限り保護者が家庭で子育てすることが、最も子どもの基本的生活習慣の形成に有利となるわけではないことが明らかとなった。同時に、保育時間が長いほど基本的生活習慣が定着するという関連も明確に示されなかった。

　排便と清潔の習慣には、保育利用状況と有意な関連はなかった。朝の排便や歯磨きやお風呂は、家庭を中心に行う習慣であるため、保育利用状況により経験回数の差が生じにくかったと考えられる。

　保育利用状況別と習慣の定着率に有意な関連のあった項目について、子どもの年齢別に保育利用状況と定着率との関連を分析した結果が表9-3である。

　「はしを正しく持って使う」、「自分で服を着る」、「脱いで裏返った衣類を元の状態に戻す」の3項目の定着率に、保育利用状況別と有意な関連がみられたのは、3～4歳が中心であり、4歳児では、保育利用（短時間）＞保育利用（標準時間）＞教育利用の順に「身についている」割合が高かった。ただし、5～6歳では、保育利用状況別の定着率に差がほとんどみられなかった。つまり、就学前の幼児は、園を教育利用する場合も保育利用する場合も生活習慣の形成に顕著な差はなくなることがわかった。ただし、「はしを正しく持って使う」

表9−2　保育利用状況別「基本的生活習慣」の定着率（3~6歳児）

		N	身についている	少し身についている	あまり身についていない	身についていない	χ2乗検定有意確率
【食事】 はしを正しく持って使う	教育利用	838	**27.4%**	34.8%	24.0%	13.7%	*p* <.001
	保育利用（短時間）	337	**37.4%**	33.2%	18.1%	11.3%	
	保育利用（標準時間）	1054	**36.0%**	37.1%	18.4%	8.5%	
【排便】 朝、排便してから登園する	教育利用	833	**28.5%**	29.5%	25.8%	16.2%	n.s.
	保育利用（短時間）	337	**28.8%**	25.5%	27.9%	17.8%	
	保育利用（標準時間）	1046	**29.3%**	29.1%	25.9%	15.8%	
【着脱衣】 ①自分で衣服を着る	教育利用	838	**72.8%**	23.7%	2.9%	0.6%	*p* <.001
	保育利用（短時間）	340	**83.8%**	14.4%	1.5%	0.3%	
	保育利用（標準時間）	1064	**79.6%**	19.1%	1.1%	0.2%	
②脱いで裏返った衣類を元の状態に戻す	教育利用	838	**35.9%**	32.6%	24.2%	7.3%	*p* <.001
	保育利用（短時間）	340	**49.1%**	27.1%	17.1%	6.8%	
	保育利用（標準時間）	1057	**47.1%**	30.7%	17.1%	5.1%	
【清潔】 ①自分で歯を磨く	教育利用	839	**42.3%**	37.1%	16.6%	4.1%	n.s.
	保育利用（短時間）	340	**45.6%**	37.6%	13.8%	2.9%	
	保育利用（標準時間）	1062	**44.3%**	36.4%	15.5%	3.8%	
②お風呂で自分の体を洗う	教育利用	812	**49.8%**	33.1%	12.3%	4.8%	n.s.
	保育利用（短時間）	327	**54.7%**	30.6%	8.9%	5.8%	
	保育利用（標準時間）	1025	**49.7%**	35.0%	11.4%	3.9%	

※教育利用：認定こども園を幼児教育施設として利用している場合（1日の教育時間：標準4時間）
　保育利用（短時間）：保育所・認定こども園を保育施設として利用している場合（1日の保育時間：最長8時間）
　保育利用（標準時間）：保育所・認定こども園を保育施設として利用している場合（1日の保育時間：最長11時間）
※※χ2乗検定結果が有意であり、保育利用者と教育利用者で「身についている」回答割合が5％以上異なった項目の数値を網掛けで示した。

習慣の定着率については、6歳児に保育利用状況別と有意な関連があり、保育利用（標準時間）＞保育利用（短時間）＞教育利用の順に「身についている」割合が高いことがわかった。

　多くの幼児教育・保育施設では、3歳児と4歳児で1クラス当たりの児童

表9-3 子どもの年齢・保育利用状況別「基本的生活習慣」の定着率

			N	身についている	少し身についている	あまり身についていない	身についていない	χ2乗検定有意確率
【食事】はしを正しく持って使う	3歳児	教育利用	221	10.4%	29.0%	33.5%	27.1%	n.s.
		保育利用（短時間）	73	9.6%	30.1%	31.5%	28.8%	
		保育利用（標準時間）	239	14.6%	33.5%	32.6%	19.2%	
	4歳児	教育利用	271	25.1%	37.6%	23.6%	13.7%	p<.05
		保育利用（短時間）	127	39.4%	36.2%	16.5%	7.9%	
		保育利用（標準時間）	371	33.7%	39.6%	19.1%	7.5%	
	5歳児	教育利用	292	39.0%	38.0%	17.1%	5.8%	n.s.
		保育利用（短時間）	118	47.5%	33.1%	14.4%	5.1%	
		保育利用（標準時間）	374	45.5%	39.3%	11.5%	3.7%	
	6歳児	教育利用	53	47.2%	28.3%	22.6%	1.9%	p<.01
		保育利用（短時間）	19	68.4%	26.3%	0.0%	5.3%	
		保育利用（標準時間）	68	70.6%	23.5%	2.9%	2.9%	
【着脱衣】①自分で衣服を着る	3歳児	教育利用	220	40.0%	49.5%	9.5%	0.9%	p<.01
		保育利用（短時間）	73	60.3%	34.2%	5.5%	0.0%	
		保育利用（標準時間）	242	56.6%	39.7%	2.9%	0.8%	
	4歳児	教育利用	271	74.5%	24.0%	0.4%	1.1%	p<.05
		保育利用（短時間）	129	86.8%	12.4%	0.0%	0.8%	
		保育利用（標準時間）	375	82.1%	17.1%	0.8%	0.0%	
	5歳児	教育利用	293	93.5%	6.1%	0.3%	0.0%	n.s.
		保育利用（短時間）	118	93.2%	5.9%	0.8%	0.0%	
		保育利用（標準時間）	375	89.6%	9.9%	0.5%	0.0%	
	6歳児	教育利用	53	84.9%	13.2%	1.9%	0.0%	n.s.
		保育利用（短時間）	20	95.0%	5.0%	0.0%	0.0%	
		保育利用（標準時間）	70	92.9%	7.1%	0.0%	0.0%	

②脱いで裏返った衣類を元の状態に戻す	3歳児	教育利用	221	18.1%	24.4%	39.4%	18.1%	$p<.05$
		保育利用（短時間）	73	20.5%	34.2%	30.1%	15.1%	
		保育利用（標準時間）	238	23.5%	37.4%	28.2%	10.9%	
	4歳児	教育利用	270	31.1%	40.4%	23.0%	5.6%	$p<.001$
		保育利用（短時間）	129	51.9%	29.5%	16.3%	2.3%	
		保育利用（標準時間）	373	48.5%	32.2%	15.0%	4.3%	
	5歳児	教育利用	293	50.5%	32.8%	15.4%	1.4%	n.s.
		保育利用（短時間）	118	61.0%	21.2%	12.7%	5.1%	
		保育利用（標準時間）	374	57.0%	26.5%	13.9%	2.7%	
	6歳児	教育利用	53	52.8%	26.4%	17.0%	3.8%	n.s.
		保育利用（短時間）	20	65.0%	20.0%	0.0%	15.0%	
		保育利用（標準時間）	70	67.1%	22.9%	7.1%	2.9%	

※χ^2乗検定結果が有意であり、保育利用者と教育利用者で「身についている」回答割合が
5％以上異なった項目の数値を網掛けで示した。

の定員数が変わり、4歳児クラスでは、保育者が1名で担当する児童数が増加する。職員配置基準は、幼稚園や認定こども園より保育所のほうが充実しているが、生活的な自立に保育者の手を必要とする幼児にとっては、年中クラスの生活が困難となる場合がある。ゆえに、保育を短時間利用する保護者が、仕事と育児の両立のために、意図的に勤務時間を短縮し、育児に注力したことが、4歳児の生活の安定を下支えしたとも考えられる。本研究では、分析結果の背景を明らかにできなかったため、別の機会に検討したい。

　以上の結果を総合すると、本研究で測定した幼児の「基本的生活習慣」形成においては、家庭と園が協働して育てている状況にあり、どちらかといえば幼児教育・保育施設を教育利用する場合より、保育利用する場合のほうが、幼児の基本的生活習慣の発達が早まる傾向にあった。園生活の中盤（4歳児頃）では、一時的に保育利用者（特に短時間）の習慣定着が最も良好となるが、就学前の6歳児では、保育利用状況による習慣定着にほとんど差がみられなくなった。

3. まとめと今後の課題

　幼児教育・保育施設の保育利用者が多数派となった現在、教育利用者よりも保育利用者の基本的生活習慣の定着率が高かったという本研究の結果は、保護者の多くにとって朗報となる。子どもが小さいうちは、家庭で(特に母が)育てるほうが子どもの発達に良いという「母性神話」や「三歳児神話」(2章参照)は、少なくとも本研究で測定した「基本的生活習慣」の範囲内で、本研究の対象者に限定した場合には、科学的根拠がないことが確かめられた。

　ただし、幼児の基本的生活習慣の遅れが指摘される先行研究(谷田貝・高橋、2008、2021、ベネッセ教育総合研究所、2016)と本研究対象者の定着率は、同程度であった。3歳以上児の保育では、基本的生活習慣の確立が保育内容に位置づけられるものの、周辺的な扱いとされ、保育所の職員配置基準[6]は、3歳児20人につき1人、4〜5歳児30人につき1人、認定こども園・幼稚園は、1学級35人以下である。職員配置の点からも集団保育のみで子どもの基本的生活習慣を育てることには限界がある。

　「朝の排便」や「歯磨き」、「風呂」の習慣は、保育利用状況別と有意な関連がなかった。つまり、「朝の排便」や「歯磨き」、「風呂」の習慣は、園の保育で代替しにくい、家庭で育てるべき習慣と考えられる。育児期の保護者にとって、園の教育・保育は、子育ての大きな助けとなる。しかし、保護者が子どもと生活習慣を共につくるために家族の時間を確保する視点も必要である。

　改正育児介護休業法(令和5年4月1日施行)では、所定労働時間の短縮措置等(育児時短)を、3歳に満たない子を養育する労働者を対象に、1日の所定労働時間を原則として6時間とする措置を各事業所に義務づけた。しかし、3歳以上児を養育する労働者は、育児時短の対象とならない。したがって、保護

6　「こども未来戦略方針」(令和5年6月13日)では、今後、1歳児及び4・5歳児の職員配置基準について1歳児は6対1から5対1へ、4・5歳児は30対1から25対1へと改善するとともに、民間給与動向等を踏まえた保育士等の更なる処遇改善が検討されている(内閣官房こども未来戦略会議、2023)。

者が3歳以上児の子育てを重視し、その時期の仕事量をセーブすることは、保護者自身のキャリア上のリスクを伴う選択となり得る。単に保育所等を整備し、保護者が働きやすい仕組みを整備するだけでなく、幼児期の子どもを育てる家庭に対し、保護者が子どもとの時間を確保しやすい労働環境を整備することが、子どもを育てやすい社会につながるだろう。

引用・参考文献

ベネッセ教育総合研究所、2010　第4回幼児の生活アンケートレポート. https://berd.benesse.jp/jisedaiken/research/pdf/research13_8.pdf（最終閲覧 2023.07.31）

ベネッセ教育総合研究所、2016　第5回幼児の生活アンケートレポート. https://berd.benesse.jp/jisedai/research/detail1.php?id=4949（最終閲覧 2023.07.31）

門松愛、2018　幼児教育・保育課程の歴史的変遷：子どもの育ちの捉え方としつけに着目して. 名古屋女子大学紀要（人・社）64, 333-346.

厚生労働省、2005　第4回21世紀出生児横断調査結果の概況. https://www.mhlw.go.jp/toukei/saikin/hw/syusseiji/04/kekka3.html（最終閲覧 2023.07.31）

厚生労働省、2022　令和4年歯科疾患実態調査」の結果（概要）. https://www.mhlw.go.jp/content/10804000/001112405.pdf（最終閲覧 2023.07.31）

入江礼子、2004　家庭教育. (社)日本家政学会(編)新版家政学辞典. 朝倉書店.

岩﨑香織、2021　幼児の基本的生活習慣の発達―首都圏1市の保育所調査から. 東京家政大学教職センター年報 12, 67-77.

永田誠・大村綾・菅原航平、2017　幼児の日常生活と親のかかわりに関する考察―2006年調査結果との比較を通して. 日本生活体験学習学会誌17, 1-13.

内閣官房こども未来戦略会議、2023　こども未来戦略方針. https://www.cas.go.jp/jp/seisaku/kodomo_mirai/pdf/kakugikettei_20230613.pdf（最終閲覧 2023.07.31）

高木・久世、1988　子どもの発達と家庭教育. 日本家政学会(編)子どもの発達と家庭生活, 63-89.

山下俊郎、1955　幼児心理学. 朝倉書店.

谷田貝公昭・高橋弥生、2008　基本的生活習慣の発達規準に関する研究. 目白大学短期大学部研究紀要 45, 67-81.

谷田貝公昭・高橋弥生、2016　データでみる幼児の基本的生活習慣 第3版. 一藝社.

谷田貝公昭・高橋弥生、2021　基本的生活習慣の発達規準に関する研究―子育ての目安―. 株式会社一芸社.

全国国公立幼稚園・こども園長会、2015　子どもの生活体験に関する実態調査と意識についての調査. https://www.kokkoyo.com/pdf/b-no027.pdf（最終閲覧 2023.07.31）

10章

子どもの手や生活的自立の発達を促す
幼児期の教育の現状と課題

幼児期後期(3〜6歳児)の家庭教育は、学童期(6〜12歳)の発達課題となる手伝いを始める時期と考えられてきた。幼児教育・保育においても子どもの手指の巧緻性や生活的自立を促す遊びが重視される。幼児の手仕事・家事の習慣の定着状況について、子どもの年齢と保育利用状況別に検討する。

1. 保護者が子育てを学ぶ場としての家庭科教育

これまでに家政学的な視点から、子どもの発達課題と家庭教育のテーマを示した高木・久世(1988)は、幼児期前期(2〜3歳)の家庭教育の課題を排泄と食事の自立、基本的生活習慣の確立とし、幼児期後期(3〜6歳児)を学童期(6〜12歳)の発達課題である手伝いの始期に位置づけた。

しかし、日本の幼児期の家庭教育においては、本著で述べてきたように学力や非認知能力といった学校教育や将来の職業生活で成功しやすい能力が重視され(3章)、休日の家庭での教育的な取り組み(6章)や子どもと一緒に朝食をとる頻度(7章)が社会経済的背景の違いにより異なること。保育所等の利用率が高まり(はじめに、1章)、従来、幼児期の家庭教育の中心的課題とされてきた基本的生活習慣は、認定こども園・保育所を教育利用する幼児よりも、保育利用する幼児に定着率が高かったこと(9章)。東京圏保育所調査(Wave 1)においては、「毎日くたくたに疲れる」保護者が8割以上を占める現状が示された(6章)。つまり、現代の保護者は、家庭生活の本来的な機能である、自分と家族の生活を健康的に保つことに関して、最も手薄となりがちであると考えられる。

学業達成や職業達成との直接的な結びつきのみえにくい能力の育成は、育児期だけでなく日本社会全体で軽視されている。例えば、「令和3年社会生活基本調査」(総務省統計局、2022)によると、15〜24歳の週全体の家事時間平均値

は、男性15分、女性24分、育児時間平均値は、男性0分、女性1分であった。日本の育児では、子どもの生活的自立が重視されていない（はじめに）ために、現代の新米保護者たちは育児期に入ってから、急増する家事・育児に直面することになる。

　では、社会経済的背景によらず、幼児期の家庭生活の質を高めるために、保護者はどのような機会に子育ての基礎を学ぶことができるだろうか。

1）学校教育で子育てを学ぶ教科としての家庭科の現状

　日本の学校教育では、中学・高等学校家庭科において、家政学的な視点から家庭保育の基礎が学ばれてきた。1989年告示学習指導要領以降、小・中・高等学校の家庭科は男女必修となり、保育領域は、高等学校で1989年告示学習指導要領以降、中学校で1998年告示中学校学習指導要領以降、必修となった。つまり、2020年代に幼児を育てる保護者は、中学・高等学校で家庭科を男女同一内容・必修として学び、保育領域の学習も学校教育で男女ともに初めて必修で学んだ世代が中心といえる。

　日本家庭科教育学会特別委員会「家庭科未来プロジェクト」の「高等学校家庭科男女必修の成果と課題を探る社会人調査」（藤田ほか、2018）は、高校家庭科を男女必修で学んだ効果として、特に男性のパートナーシップ実践度（協同の意思決定、子育て参加度、家事の分担・協力）への影響が大きく[1]、女性も男女必修で履修したほうが「家庭生活は男女が協力して営むもの」と認識したことを明らかにした。しかし、「生活を科学的に捉える視点の習得」は、女子のみ必修世代の女性の得点が高かった[2]とも指摘される（藤田ほか、2018）。男女必修となった1998・1999年告示学習指導要領以降、小・中・高等学校家庭科は、教育内容・

1　例えば、「日常の食事の支度や片づけなどは夫婦で協力して行う（家事の分担・協力）」は、男女必修世代と女子のみ必修世代の女性間（$p<.001$）、男性間（$p<.05$）で共に男女共修世代の実践度が有意に高かった（藤田ほか、2018）。

2　「実験や調べ学習を通して、生活を科学的に見つめるようになった」に「そう思う」＋「どちらかといえばそう思う」と回答した割合は、女子のみ必修世代43.4％、男女必修世代女性38.1％であった（藤田ほか、2018）。

授業時数が大幅に減少した(生活やものづくりの学びネットワーク、2019)。特に高等学校家庭科は、4単位(家庭総合等)でなく、2単位(家庭基礎)を選択する学校が増え、履修単位数の減少が、実習等の体験・参加型の授業の減少を招いたと指摘される(野中ほか、2012等)。

　岩﨑(2023)は、これまでにWave 1調査の分析から、対象者の母親54.2%、父親54.6%に、育児に家庭科が役立った(=「家庭科有用感」)と回答されたこと、「家庭科有用感」と「専門的学習経験」(高等学校卒業後に育児について専門的に学んだ経験)は、いずれも保護者の養育態度(幼児の生活習慣、家族の共同行動)を良好にしたが、「家庭科有用感」を持つ保護者は、特に幼児の生活的自立を促す育児(「脱いで裏返った衣類を元に戻す」、「お風呂で自分の体を洗う」、「布でテーブルや床を拭く」、「タオルや洋服をたたむ」、休日に「家事を手伝う」)等の育児を行っていたことを明らかにした。つまり、小・中・高等学校で誰もが学ぶ家庭科は、日本の子育ての基礎を担っていると考えられる。また、Wave 1調査において、「専門的学習経験」のあった保護者は、母親の2割、父親の1割のみであり(岩﨑、2023)、学校教育以外の場で、保護者が子育ての専門知識を学ぶことの難しさも明らかとなった。

　近年、子ども及び成人未婚者の家事・育児が、成人後の生活に影響するとの研究報告がみられるようになった。その一例として「子供の生活力に関する実態調査」(国立青少年教育振興機構、2015)は、小学生(高学年)にとって日頃から様々な体験(自然、地域行事、外国の大人や子どもとの交流)や読書習慣があると共に「手伝い」経験がある場合に、様々な生活スキル(コミュニケーション、礼儀・マナー、家事・暮らし、健康管理、課題解決)が高かったこと、生活スキルの高い中高生は、結婚や子どもを持つことへの願望が強かったこと、20～30代の成人において生活スキルが高い人ほど既婚割合が高かったことを報告した。また、「第16回出生動向基本調査」(国立社会保障・人口問題研究所、2021)では、「赤ちゃんや幼い子どもとふれあう機会がよくあった(よくある)人」は、男女ともにそうでない人よりも「いずれ結婚するつもり」の回答割合が高かったことが報告された。

2) 子どもの手伝いの教育的意義

　幼児教育・保育においても、幼児期後期(3〜6歳児)には、紙を折る、切る、工作する、ひもを結ぶ、縫う(ひもを通す)、簡単な掃除をする等[3]子どもの手指の巧緻性を高める手仕事や生活的自立を促す遊びが重視されてきた。

　しかし、2000年代以降、保育関係者を中心に幼児の手の発達や手を使う生活経験の不足が指摘されるようになった。谷田貝・高橋(2008)は、「靴のひもが花結びで結べる」自立標準年齢を継続調査しており、2003年調査では、7割以上の子どもにできるようになった年齢が8歳に達し、幼児期にひもを結ぶ習慣が身につかなくなったこと、衣服の形状変化の影響を指摘した。全国国公立幼稚園・こども園長会(2015)は、幼児の生活技能のうち「はしを正しく持って使う」、「ふきんを絞る」、「ひもを結ぶ」、「物を包む」、「洗濯ばさみを使う」等の手先を使う技能習得度の低さを指摘し、園の教諭と保護者の認知する幼児の実態にもずれがあり、教諭よりも保護者が「身についている」と回答した割合が高かったことを報告した。同調査で「家庭で手先を使った遊び」を意識して行う保護者は全体の33.3%であり、家庭で行わない理由で最も多かったのは「我が子への教え方がわからない」であったという(全国国公立幼稚園・こども園長会、2015)。

　幼児期のお手伝いは、「まだ幼い」、「けがをする危険がある」、「かえって自分の時間や手間がかかる」ことを理由にさせない家庭が多く、幼児期には、母親が非就業である場合に、就学後は母親が就業している場合に頻度が高く、母親の就業との子どもの家事頻度に有意な関連があることが指摘される(花形、2016)。幼児期の子育てにおいては、保護者の家事・育児経験や就労による時間的余裕が、子どもの生活経験の幅を左右する要因になると考えられる。

　谷田貝(2016)は、脳生理学の視点から、手を使うことは、手そのものの器用さを増すだけでなく、脳の発達を促すこと、特に子どもの脳の発達におけ

3　日本の幼児教育・保育の基盤となったモンテッソーリ(Montessori, M.)の教育においては、子どもの自主性が育つ環境や日常生活の練習が重視され、幼児がひも結び等の手作業や机を拭く等の簡単な掃除に取り組む点に特徴がある(石垣・北川編2005、秋田監修2019等)。

る手指の協調運動(一緒に動かし一つの動作にまとめる運動)を必要とする体験の重要性について指摘した。また、子どもの手先の不器用さは、発達障害と結びつく場合もあることがわかってきた。幼児期の発達性協調運動障害(DCD)を評価する場合、5歳以前には運動技能の獲得の個人差が大きく、評価が安定しないというが、運動機能検査以外には、食具の使用や描画、ビーズのひも通し、簡単な調理、ハサミの操作等について保護者や保育者が回答する評価方法がある(渋谷、2019)。幼児期に子どもの手先の器用さ／不器用さが、単に経験不足によるか、発達障害によるものであるか、保護者が日常的な観察により気づくことのできる家庭環境にあることが、学童期以降の子どもの発達を支える上で重要である。DCDであった場合、早期発見が、療育や子どもの困りごとへの対応方法を考える上で有効と考えられるためである。

　では、幼児の手仕事・家事の習慣は、保育所／認定こども園を教育利用／保育利用した場合に、どちらのほうが身につきやすいだろうか。本章は、幼児の手仕事・家事の習慣の定着率を年齢別／保育利用状況別に検討し、今後の家庭教育への示唆を得ることを目的とする。

２. 幼児の手仕事・家事の習慣の定着状況

1) 方法

　使用するデータは、Wave 2首都圏B市調査である。使用する変数は、説明変数として、子どもの年齢(3〜6歳)と保育利用状況[教育利用、保育利用(短時間)、保育利用(標準時間)]の2項目を使用する。従属変数として、谷田貝・高橋(2008)、全国国公立幼稚園・こども園長会(2015)を参考に測定した手仕事・家事の習慣5項目(ハサミで決められた線の上を切る、ひもを結ぶ、タオルやふきんを絞る、布でテーブルや床を拭く、タオルや洋服をたたむ)を使用する。手仕事・家事の習慣は、「身についていない」〜「身についている」に「わからない」を加えた5件法で測定し、本章では、「わからない」という回答は、分析から除外した。

2) 幼児の手仕事・家事の習慣の年齢別定着状況

　幼児の手仕事・家事の習慣の定着状況について、子どもの年齢別にクロス集計を行った結果を表10－1に示した。

　「ハサミで決められた線の上を切る」は、6歳時点で対象者の80％以上に「身についている」と回答された。いずれの習慣も年齢が上がるほど「身について

表10－1　子どもの年齢別「手仕事・家事の習慣」の定着率

		N	身についている	少し身についている	あまり身についていない	身についていない	χ2乗検定有意確率
①ハサミで決められた線の上を切る	3歳児	500	16.2%	39.4%	29.6%	14.8%	
	4歳児	762	49.5%	39.1%	9.1%	2.4%	p<.001
	5歳児	795	67.4%	27.7%	4.2%	0.8%	
	6歳児	141	80.9%	18.4%	0.7%	0.0%	
②ひもを結ぶ	3歳児	503	1.0%	6.0%	22.7%	70.4%	
	4歳児	744	6.0%	13.6%	34.4%	46.0%	p<.001
	5歳児	767	14.0%	22.4%	35.6%	28.0%	
	6歳児	134	24.6%	26.1%	30.6%	18.7%	
③タオルやふきんを絞る	3歳児	514	9.1%	20.0%	38.3%	32.5%	
	4歳児	746	20.6%	30.0%	35.3%	14.1%	p<.001
	5歳児	770	34.4%	37.9%	21.9%	5.7%	
	6歳児	136	44.9%	36.8%	12.5%	5.9%	
④布でテーブルや床を拭く	3歳児	538	34.9%	42.9%	15.8%	6.3%	
	4歳児	787	54.5%	33.3%	9.8%	2.4%	p<.001
	5歳児	795	63.1%	27.9%	7.7%	1.3%	
	6歳児	143	67.1%	23.1%	7.7%	2.1%	
⑤タオルや洋服をたたむ	3歳児	541	29.2%	39.7%	20.7%	10.4%	
	4歳児	782	51.4%	34.4%	11.6%	2.6%	p<.001
	5歳児	801	60.7%	28.1%	9.2%	2.0%	
	6歳児	142	68.3%	20.4%	7.0%	4.2%	

※対象者の70％以上に「身についている」と回答された項目の数値を網掛けで示した。

いる」割合が高まったが、「タオルや洋服をたたむ」、「布でテーブルや床を拭く」の「身についている」割合は、6歳時点で対象者の6割強、「タオルやふきんを絞る」と「ひもを結ぶ」は、5割未満であった。ひも結び等の手先を使う技能やタオル等を絞る、たたむ、拭く等の習得度の低さは、先行研究（谷田貝・高橋、2008、全国国公立幼稚園・こども園長会、2015、谷田貝・高橋、2021）の傾向と一致した。

　「ハサミで決められた線の上を切る」ことは、日常の保育で良く行われる活動であり、小学校教育でも図工や日常の学習活動で扱われる。6歳時点で8割以上の子どもに「身についている」と回答されたことから、園だけでなく家庭においても、必要に応じて技能を身につける機会があると考えられる。一方で、「タオルやふきんを絞る」、「ひもを結ぶ」ことは、6歳時点で「身についている」との回答が4〜2割であり、定着率が低かった。「タオルやふきんを絞る」、「ひもを結ぶ」等の幼児の生活的自立を促す活動は、園の教育方針によって扱う程度が異なる。特に「タオルやふきんを絞る」ことは、保育活動として扱われない場合に、家庭生活において学ぶことになるが、現代の家庭生活では、掃除用シート類や掃除ロボットの活用等により、大人も日常的台布巾や雑巾を使用しない場合もあり、家庭で子ども自身が経験することは非常に少ないと予想される。また、「ひもを結ぶ」に関しては、現代の幼児の生活においては、安全上の理由からひもを除去した衣類や玩具が主流となった。ゆえに、幼児から小学生中学年くらいまでの子どもの日常生活において、ひも結びが必要とされる場面は、縄跳びの縄をまとめる時くらいである。

　以上の結果は、「タオルやふきんを絞る」、「ひもを結ぶ」等の昔の子どもならば当然できた手指の使い方を、子どもが日常生活の中で経験・習得することが難しくなった現状を示したものと考えられる。保護者自身も「タオルやふきんを絞る」、「ひもを結ぶ」等の行動頻度が日常的に低い場合は、それらの技能を子どもが身につけるべきと意識する機会もなく、子どもの手先の不器用さに気づくことが難しい生活環境となる。

3) 保育の利用状況と手仕事・家事の習慣の定着率

　保育の利用状況別（教育利用、保育利用：短時間／長時間）に幼児（3～6歳児）の手仕事・家事の習慣の定着率を表10-2に示した。

　分析の結果、「ハサミで決められた線の上を切る」習慣と「布でテーブルや床を拭く」習慣に、保育利用状況別との関連はみられなかった。ハサミの使用やテーブルや床を拭く機会は、保育利用時間の長短により、園や家庭での経験回数に差が生じにくかったと考えられる。「ひもを結ぶ」、「タオルやふきんを絞る」、「タオルや洋服をたたむ」は、保育利用状況別と有意な関連がみられた。

表10-2　保育利用状況別「手仕事・家事の習慣」の定着率（3~6歳児）

		N	身についている	少し身についている	あまり身についていない	身についていない	χ2乗検定有意確率
①ハサミで決められた線の上を切る	教育利用	812	**49.8%**	33.1%	12.3%	4.8%	n.s.
	保育利用（短時間）	327	**54.7%**	30.6%	8.9%	5.8%	
	保育利用（標準時間）	1025	**49.7%**	35.0%	11.4%	3.9%	
②ひもを結ぶ	教育利用	801	**5.7%**	15.9%	32.1%	46.3%	p<.01
	保育利用（短時間）	318	**11.3%**	14.8%	29.2%	44.7%	
	保育利用（標準時間）	994	**10.6%**	16.2%	32.9%	40.3%	
③タオルやふきんを絞る	教育利用	807	**20.4%**	31.5%	31.2%	16.9%	p<.05
	保育利用（短時間）	319	**29.5%**	27.6%	28.2%	14.7%	
	保育利用（標準時間）	1007	**26.2%**	31.2%	29.1%	13.5%	
④布でテーブルや床を拭く	教育利用	831	**50.8%**	36.2%	10.7%	2.3%	n.s.
	保育利用（短時間）	340	**58.5%**	28.2%	10.3%	2.9%	
	保育利用（標準時間）	1055	**54.5%**	32.2%	9.9%	3.4%	
⑤タオルや洋服をたたむ	教育利用	834	**44.2%**	36.0%	14.5%	5.3%	p<.01
	保育利用（短時間）	339	**54.9%**	29.2%	12.4%	3.5%	
	保育利用（標準時間）	1056	**53.9%**	30.9%	11.4%	3.9%	

※教育利用：認定こども園を幼児教育施設として利用している場合（1日の教育時間：標準4時間）
　保育利用（短時間）：保育所・認定こども園を保育施設として利用している場合（1日の保育時間：最長8時間）
　保育利用（標準時間）：保育所・認定こども園を保育施設として利用している場合（1日の保育時間：最長11時間）
※※χ2乗検定結果が有意であり、保育利用者と教育利用者で回答割合が5％以上異なった項目の数値を網掛けで示した。

いずれも保育利用(短時間)＞保育利用(標準時間)＞教育利用の順に「身についている」割合が高かった。

　つまり、本研究の調査項目と調査対象者に限定された結果であるが、どちらかと言えば保育所・認定こども園を保育利用する幼児のほうが、教育利用する幼児よりも「身についている」割合が高いことがわかった。ただし、先行研究(全国国公立幼稚園・こども園長会、2015)においては、幼児の生活技能のうち「ふきんを絞る」、「ひもを結ぶ」等の手先を使う技能習得度に、園の教諭と保護者の認知する幼児の実態にずれが大きく、教諭よりも保護者に「身についている」との回答割合が高かったと指摘される。したがって、日常的に幼児の生活の様子を観察する時間が長い養育者ほど、子どもの実態を厳しく評価する傾向にあることから、本研究において、園を教育利用する保護者の評価が厳しかったという可能性もある。

　前述の幼稚園・認定こども園を対象とした調査において「家庭で手先を使った遊び」を意識して行う保護者は全体の33.3％であった(全国国公立幼稚園・こども園長会、2015)。本研究対象者においても、幼児が家庭で日常的に「ひもを結ぶ」、「タオルやふきんを絞る」、「タオルや洋服をたたむ」機会は少ないと予想される。以上の結果から、現代の子育てにおいて、子どもの手仕事・家事の習慣の定着を促す学習機会は、幼児期の子どもを育てる保護者が専念する育児内容ではなくなり、保育所・認定こども園を保育利用する幼児のほうが、学習機会の総量が増え、習慣が定着したと考えられる。

　保育利用状況別手仕事・家事の習慣に有意な関連のあった項目を対象に、子どもの年齢別保育利用状況別の定着率を分析した結果を表10-3に示した。

　幼稚園と認定こども園で教育利用の始まる3歳児と最終学年にあたる6歳児では、全ての項目で保育利用状況と習慣の定着率に有意な関連はみられなかった。「ひもを結ぶ」は4歳児のみ保育利用状況と有意な関連がみられ、教育利用者よりも保育利用者に「身についている」割合がやや高かった。「タオルや洋服をたたむ」は、4・5歳児のみ保育利用状況と有意な関連があり、いずれの年齢も教育利用者よりも保育利用者に「身についている」割合が高かっ

た。また、「タオルや洋服をたたむ」は、保育標準時間利用6歳児の7割以上に習慣が定着していた。「タオルやふきんを絞る」には、年齢別にみると保育利用状況との有意な関連がみられなかった。

　つまり、幼児の手仕事・家事の習慣は、4・5歳児を中心に教育利用者よりも保育利用者の定着度が高かったが、就学前の6歳時点では保育利用状況別の有意な関連がなくなり、子どもの習慣定着率が均質化されていた。保護者にとって、できなくても当たり前の安心感が共有され、子どもの発達の現状を疑問視する機会が持たれにくくなったと予想される。その結果、子どもの手仕事・家事の習慣については、子どもの発達を継続的に観察する機会のある保育関係者や教育関係者を中心に習得状況の遅れが問題視されるが、実際に子どもを育てる保護者とは、危機感が共有されにくい状況が生じたと考えられる。

3.まとめと今後の課題

　幼児の手仕事・家事の習慣と保育利用状況との関連を分析した結果から、対象者の80％以上に6歳児までに定着した習慣は「ハサミで決められた線の上を切る」のみであり、「布でテーブルや床を拭く」と「タオルや洋服をたたむ」は6割強、「タオルやふきんを絞る」と「ひもを結ぶ」は5割未満の定着率であった。先行研究(谷田貝・高橋、2008、全国国公立幼稚園・こども園長会、2015、谷田貝・高橋、2021)と同様に、生活の中で手先を使う技能や生活技能の習得率が低い現状が確認された。

　4・5歳児を中心に教育利用者よりも保育利用者において、習慣の定着率が高く、幼児の手仕事・家事の習慣は、保護者が家庭で子どもを育てる時間が長いほど習慣が定着する状況にないことがわかった。現代の保護者は、例えば「ハサミで決められた線の上を切る」のように家庭教育でも学校教育の基礎となるような能力の育成に注力し、育児を行っていると考えられる。

表10-3　子どもの年齢・保育利用状況別「手仕事・家事の習慣」の定着率

			N	身についている	少し身についている	あまり身についていない	身についていない	χ2乗検定有意確率
② ひもを結ぶ	3歳児	教育利用	207	**0.5%**	6.8%	22.7%	70.0%	n.s.
		保育利用（短時間）	67	**1.5%**	0.0%	23.9%	74.6%	
		保育利用（標準時間）	218	**1.4%**	7.3%	22.5%	68.8%	
	4歳児	教育利用	261	**2.3%**	14.2%	33.7%	49.8%	*p*＜.05
		保育利用（短時間）	122	**8.2%**	12.3%	30.3%	49.2%	
		保育利用（標準時間）	349	**8.0%**	13.5%	36.4%	42.1%	
	5歳児	教育利用	283	**9.9%**	21.6%	38.2%	30.4%	n.s.
		保育利用（短時間）	110	**17.3%**	27.3%	28.2%	27.3%	
		保育利用（標準時間）	360	**16.1%**	21.9%	36.7%	25.3%	
	6歳児	教育利用	49	**22.4%**	30.6%	26.5%	20.4%	n.s.
		保育利用（短時間）	19	**31.6%**	10.5%	47.4%	10.5%	
		保育利用（標準時間）	65	**24.6%**	27.7%	27.7%	20.0%	
③ タオルやふきんを絞る	3歳児	教育利用	211	**7.6%**	19.4%	37.0%	36.0%	n.s.
		保育利用（短時間）	67	**11.9%**	14.9%	43.3%	29.9%	
		保育利用（標準時間）	226	**9.7%**	21.7%	38.5%	30.1%	
	4歳児	教育利用	260	**16.2%**	28.8%	40.8%	14.2%	n.s.
		保育利用（短時間）	119	**27.7%**	25.2%	32.8%	14.3%	
		保育利用（標準時間）	355	**21.4%**	32.7%	31.8%	14.1%	
	5歳児	教育利用	285	**31.2%**	40.7%	21.8%	6.3%	n.s.
		保育利用（短時間）	113	**36.3%**	38.1%	17.7%	8.0%	
		保育利用（標準時間）	359	**37.0%**	35.1%	23.4%	4.5%	
	6歳児	教育利用	50	**34.0%**	44.0%	12.0%	10.0%	n.s.
		保育利用（短時間）	20	**60.0%**	25.0%	10.0%	5.0%	
		保育利用（標準時間）	65	**49.2%**	35.4%	12.3%	3.1%	

⑤ タオルや洋服をたたむ	3歳児	教育利用	219	**26.9%**	38.8%	20.1%	14.2%	n.s.
		保育利用（短時間）	73	**32.9%**	39.7%	20.5%	6.8%	
		保育利用（標準時間）	238	**29.4%**	40.8%	21.4%	8.4%	
	4歳児	教育利用	268	**42.5%**	41.0%	13.4%	3.0%	*p*＜.05
		保育利用（短時間）	129	**55.8%**	31.0%	10.1%	3.1%	
		保育利用（標準時間）	372	**56.2%**	30.9%	11.0%	1.9%	
	5歳児	教育利用	293	**55.6%**	31.4%	12.3%	0.7%	*p*＜.01
		保育利用（短時間）	118	**66.1%**	20.3%	11.0%	2.5%	
		保育利用（標準時間）	375	**63.2%**	27.7%	6.1%	2.9%	
	6歳児	教育利用	53	**60.4%**	24.5%	9.4%	5.7%	n.s.
		保育利用（短時間）	19	**63.2%**	31.6%	5.3%	0.0%	
		保育利用（標準時間）	69	**75.4%**	14.5%	5.8%	4.3%	

※ χ2乗検定結果が有意であり、保育利用者と教育利用者で「身についている」回答割合が5％以上異なった項目の数値を網掛けで示した。

子どもの手を育て、生活的自立を促す学習機会は、今日、家庭教育においても社会においても見落とされ、光が当たることが少ない。しかし、子どもの頃からの家事経験が将来の生活においても役立つことが明らかにされつつある（国立青少年教育振興機構、2015、国立社会保障・人口問題研究所、2021、岩﨑2023）。

生涯学習の視点から、子どもや若年層の成人が家事や育児を学ぶことは、大変重要であるが、現代の保護者の多くは、夫婦共働きのまま育児期を迎えている。産院や地域の保健センター、子育て支援センター等の育児講座の開講も増え、今後も質・量の充実が望まれるが、子の出産前後に働く保護者が、夫婦共に複数回の育児講座を受講することは、現実的には難しい。

保護者が出産前に育児について専門的な学習機会を持つためには、学校教育の段階から子育てについて学ぶことが有効である。しかし、近年、小・中・高等学校家庭科は、教育内容・授業時数が大幅に減少し（生活やものづくりの学びネットワーク、2019）、実習等の体験・参加型の授業が減少した（野中ほか、2012等）。手先を使う遊びについて、「我が子への教え方がわからない」保護者（全国国公

立幼稚園・こども園長会、2015)、「まだ幼い」、「けがをする危険がある」、「かえって自分の時間や手間がかかる」ことを理由に手伝いをさせない家庭(花形、2016)の多さが指摘される。これから保育者や保護者となる子どもや若者は、子ども時代に家庭・学校・地域で、家事や育児をほとんど経験しない生活が当たり前となった環境で暮らしている。

　今一度、家庭教育や社会全体の中で、子どもが成人するまでに習得すべき力として、手仕事・家事の習慣に注目する必要があるだろう。家庭の中で家族員の誰もが、大人や子どもに関係なく、必要な家事や育児を分担できる力を身につけることが、現在の子育て世代の育児の負担を減らし、将来の子ども世代の育児のしやすさにもつながる好循環を生むと考えられる。

引用・参考文献

秋田喜代美(監修)、東京大学大学院教育学研究科附属発達保育実践政策学センター(編)、2019　保育学用語辞典. 中央法規出版.

花形美緒、2016　子の成長とお手伝い. キャリア・デザインと子育て. お茶の水学術事業会, 72-84.

藤田昌子・日景弥生・河野公子・荒井紀子・小川裕子・財津庸子・鈴木民子・鈴木真由子・高木幸子・中西雪夫・野中美津枝、2018　家庭生活に関わる意識や高等学校家庭科に関する全国調査 シリーズ1―全国調査の趣旨および高等学校家庭科男女必修の成果と課題を探る社会人調査(数量的データ分析). 日本家庭科教育学会誌, 61(1), 37-45.

石垣恵美子・北川明編著、2005　はじめて学ぶ幼児教育. ミネルヴァ書房.

岩﨑香織、2023　幼児期の保護者の養育態度と家庭科有用感―首都圏A市保育所の保護者調査から. 年報・家庭科教育研究, 40, 13-26.

国立社会保障・人口問題研究所、2021　第16回出生動向基本調査. https://www.ipss.go.jp/ps-doukou/j/doukou16/doukou16_gaiyo.asp(最終閲覧 2023.07.31)

野中美津枝・荒井紀子・鎌田浩子・亀井裕子・川邊淳子・川村めぐみ・齋藤美穂子・新山みつ枝・鈴木真由子・長澤由喜子・中西雪夫・綿引伴子、2012　高等学校家庭科の履修単位数をめぐる現状と課題―21都道府県の家庭科教員調査を通して. 日本家庭科教育学会誌, 54(3), 226-235.

生活やものづくりの学びネットワーク、2019　生活やものづくりの学びネットワーク. http://seikatsunet.g3.xrea.com/data/pamph201904.pdf(最終閲覧 2023.07.31)

渋谷郁子、2019　乳幼児期のDCDの評価と支援の実際. 辻井政次・宮原資英(監修)発達性協調運動障害(DCD). 金子書房, 107-123.

高木・久世、1988　子どもの発達と家庭教育. 日本家政学会(編)子どもの発達と家

　庭生活, 63-89.

谷田貝公昭・高橋弥生、2008　基本的生活習慣の発達規準に関する研究.　目白大学
　短期大学部研究紀要45, 67-81.

谷田貝公昭・高橋弥生、2021　基本的生活習慣の発達規準に関する研究—子育ての目安.
　株式会社一芸社.

全国国公立幼稚園・こども園長会、2015　子どもの生活体験に関する実態調査と意
　識についての調査.　https://www.kokkoyo.com/pdf/b-no027.pdf(最終閲覧 2023.07.31)

おわりに

　家庭だけで子どもを育てる時代は終わろうとしている。子どもと直接関係がない大人は、「事業や枠組みの見直し」に税金という名の資金を投入する、子どもの周りの大人はその手厚い補佐により心に余裕を持ち、子どもに愛情深く接する、このような形に収束していくのではないか。内閣が「次元の異なる子育て支援」という政策を打ち上げた今日、子育ては一部の当事者のみが行っているという価値観を変えていくことこそが必要だ。

　今回の大規模調査でわかったことは、高学歴、高収入、年齢も高めな保護者は、子どもと過ごす時間を確保していること、子どもが健康に成長するためにできることを多く習慣にしているということである。学歴のある保護者は年収も高く、学歴が高いということは社会に出る年齢も自然と遅く、保護者自身の年齢も高めであることが多い。学歴が故のモチベーションの高さなのか、経済的に安定しているが故の心の余裕なのか、または自分たちが受けてきた教育環境と同じことをしているのか定かではないが、これらの保護者の集団からは“子どもの成長に良いことを行う”という姿勢が調査データからもはっきりとみられた。一方で、20代や30代前半の保護者は若い分だけ年収も低く、さらに早くから社会に出ている保護者はその分学歴も高くはないことがわかった。彼らはあまり、子どもと一緒にいる時間を確保できていない、もしくは子どもにとって良いとされる食事などにあまり縛られず、その時に適応した行動をとっていた。

　ここまで書くと、高学歴や高収入の保護者しか理想とされる子育てができないように誤解されてしまうが、そうではないということを切に伝えたい。高学歴で高収入、年齢が比較的高めな保護者たちは食品科学を研究する立場からみると理想的な回答であった。それは、彼らが理想的な子育てに向けて努力していたためと考える。しかし、その理想こそが保護者自身を追い詰めることにもなるのではないか。

　スマートに育児と仕事を両立させようとするあまり、産休あけの時期に合

わせて、乳幼児の離乳食の導入時期を早めた結果、食物を異物と認識してアレルギーを引き起こす原因をつくってしまったケースなど、効率を重視する子育てでは、何かしらの弊害が出てきてしまう恐れがある。生命体としての子どもの成長を無理やり保護者や社会の仕事の区切りに当てはめようとすることは難しい。様々な生き方を認め合う社会ならば、母親の社会復帰も子どもを預ける時期もそれぞれの家庭の事情がもっと優先されるべきではないだろうか。

今回の調査では冷凍食品を取り入れることに幼児の保護者は積極的ではなかった。未だに冷凍食品に対する偏見があるのであろう。冷凍技術の進歩は科学者の研究の賜物である。これからは味には厳格な有名なレストランや料亭などのお店でしか食べられない極上のグルメも冷凍食として取り寄せて各家庭で解凍し、できたての味を楽しむことも可能であろう。これらの技術を駆使された食品を使わないのはむしろもったいない。これからの世の中では育児の知識や制度と共に正しい食品科学の知識も広まり、人々の食生活を追いつめるような偏見がなくなることを期待したい。

今回の調査では、子育てが各家庭の経済力に依存しているところが大きいという結果が得られたが、お金をかければ幸せかというと必ずしもそうではない。もっと手を抜くところは抜き周りのサポートを受け、子育てが保護者の評価とならないような結果が10年後に調査したならば得られるであろうか。

現状を細かく答えてくださった、子育て中の保護者の方々に敬意を払いつつ、現状を分かった上での改善策を講じてほしいものである。

最後に子育て中で忙しいなか、この調査に協力してくださった首都圏の2つの市にお住まいの未就学児を持つ保護者の方々及び、保育所・認定こども園の皆様に感謝申し上げます。

50音別インデックス

著者紹介

岩﨑香織　　○はじめに、1章、2章、9章、10章

東京家政大学児童学部准教授。國學院大學栃木短期大学人間教育学科を経て現職。お茶の水女子大学大学院人間文化研究科博士後期課程単位取得後退学。「幼児期の保護者の養育態度と家庭科有用感」『年報・家庭科教育研究』（2023年）、「高校生の家事頻度に与える家庭科教育の効果」『日本家庭科教育学会誌』（2015年）、「自尊感情の発達と家庭、学校」牧野カツコ編著『青少年期の家族と教育』（家政教育社、2006年）等。専門は家庭科教育学、家政学（保育）。

日比香子　　○7章、8章、おわりに

目白大学社会学部准教授。國學院大學栃木短期大学人間教育学科を経て現職。東京海洋大学応用生命科学専攻博士後期課程修了（海洋科学博士）。有害細菌の検出方法の試作から地場野菜の普及、災害食を利用したレシピ開発まで、食に関連するテーマを広く取り扱う。Ultra highly sensitive method for detecting Edwardsiella ictaluri using high-gradient immunomagnetic separation with polymerase chain reaction, Sensing and Bio-Sensing Research（2017年）等。専門は食品科学。

寺崎里水　　○3章、4章、5章、6章、調査の概要とデータの特徴

法政大学キャリアデザイン学部教授。福岡大学人文学部を経て現職。お茶の水女子大学大学院人間文化研究科博士後期課程単位取得後退学。『地域と世界とつなぐSDGsの教育学』法政大学出版局（共編著、2021年）、『わかる・役立つ教育学入門』大月書店（共編著、2018年）、「第2章　地方都市出身の若者のトランジション—JELS調査でみる高卒後10年」耳塚寛明・中西祐子・上田智子編著『平等の教育社会学』（勁草書房、2019年）等。専門は教育社会学、学校社会学、キャリア教育。

子育て家族の生活と教育

2024年1月31日　第1刷発行

著　者　岩﨑香織　日比香子　寺崎里水
発行人　髙橋利直
編　集　岡田承子　永田聡子
発行所　株式会社ほんの木
　　　　〒101-0047　東京都千代田区内神田1-12-13　第一内神田ビル2階
　　　　TEL 03-3291-3011　FAX 03-3291-3030
　　　　http://www.honnoki.co.jp　E-mail info@honnoki.co.jp

装　丁　倉橋伸治
印刷・製本　中央精版印刷株式会社